보
조
지
눌
의

정혜사상
연구

인경스님 지음

보조지눌의

정혜사상 연구

인경스님 지음

 명상상담연구원

보조지눌의 역사적인 성과를 생각할 때, 가장 먼저 떠올리는 것은 바로 정혜결사 운동이다. 이후 역사 속에서 결사운동의 모델이 되어 왔다. 이로 말미암아 보조의 선사상 가운데 가장 많은 연구가 진행된 영역이기도 하다. 하지만 역사적인 관점에서 주로 연구가 진행되고 상대적으로 '정혜사상' 자체에 대한 연구는 미흡한 편이다.

필자는 그 동안 보조의 선사상을 꾸준하게 연구를 해왔다. 물론 주로 간화선이란 관점에서 진해되었지만, 역시 보조지눌의 사상이 주요한 이슈를 제공하여 주었다. 첫 번째 저술인『몽산덕이와 고려후기 간화선 연구』에서 덕이본『육조단경』간행과 몽산덕이의 간화선 수용에 대한 보조지눌과 수선사의 역할을 기술하였다. 두 번째인『화엄교학과 간화선의 만남』을 통해서는 보조지눌의 화엄사상과 함께 간화선의 관계를 갈등과 통합, 그리고 극복이라는 과정을 해명함으로써, 고려중 후기 선교의 전환기를 주도한 것으로 파악하였다. 세 번째『쟁점으로 살펴본 간화선』을 통해서는 간화선과 관련된 학계의 주요 쟁점들을 중심으로 다루었다. 그러면서도 보조지눌의 역할에서 간화선의 수용과 함께 돈점논쟁, 그리고 간화선의 수행구조를 밝히려고 노력을 했다.

보조의 비문에 의해서 그의 생애를 살펴보면, 세 시기로 구분이 된다. 첫 번째가『육조단경』에 의한 자성정혜, 두 번째가 이 통현 장자의 화엄교학에 의한 원돈성불론, 마지막으로 대혜 간화선에 의한 깨달음이다. 필자의 입장에서 보면 둘째와 세 번째 시기에 대한 사상적인 연구는 진행하여 출간되었기에 첫 번째의 정혜사상에 대한 조명이 요청되었다. 이런 점 때문에 이번에『보조지눌의 정혜사상 연구』를 간행하게 된 동기가 되었다고 생각한다.

필자가 보조사상에 관심을 가진 것은 보조사상연구원 실장 소임을 보면서이다. 이런 결과로 석사논문을 『보조지눌의 정혜관 연구』(동국대학원. 1995년)로 제출하였다. 그런데 이후 20년 동안 전반적으로 보조지눌에 대한 연구는 많은 성과를 이루었지만, 유독 '정혜사상'에 대한 연구는 많지 않고 답보상태에 놓여 있었다고 보여진다. 아마도 이런 부분은 철학이나 사상적인 측면보다는 정혜결사에 대한 역사적인 측면에 과도하게 경도되면서 발생된 부분이 아닌가 한다.

　　필자가 이렇게 『보조지눌의 정혜사상 연구』를 간행하고자 함은 앞에서 기술한 개인적인 필요성도 있지만, 최근에 명상이 시대적인 붐으로 발전하면서, 자연스럽게 관심이 다시 발생된 측면도 있다. 다시 말하면 남방 불교 전통에서 기인한 수행론이 수입되면서 자연스럽게 사마타[止]와 위빠사나[觀] 수행에 관심이 증대된 것이다. 그로 말미암아서 선종에서 자주 사용하는 '정혜'이나 '성성적적'이란 용어가 다시 새롭게 관심을 갖게 되었다.

　　이런 점에서 보조지눌의 저술에서 정혜란 개념은 어떤 의미를 가지고 있는지를 『권수정혜결사문』, 『수심결』, 『법집별행록절요병입사기』에서 어떻게 사용하고 변천되고 있는지를 살펴봄은 의의가 있다고 본 것이다. 이점은 남방불교와는 다른 동북아시아의 사상적인 한 흐름과 패러다임을 보여준 점에서 의의가 있다고 본다. 부족하지만 읽어주신 독자, 여러분께 감사의 말씀을 미리 드린다.

2017년 2월
목우선원 인경합장

차 례

I

서론

서론

보조의 선사상에 대한 연구는 여러 각도에서 매우 활발하게 진행되어 왔다. 이들 연구 성과는 주로 1960년 이후에 이루어진 것으로써 연구자들의 선사상에 대한 관심의 증가와 1987년에 개원한 보조사상연구원의 활발한 연구 활동에서 기인한 것으로 보여진다. 보조 선사상의 연구 성과를 시대별로 폭넓게 정리한 성과는 이 덕진의 「지눌연구의 어제와 오늘」[1]이 있다. 이제까지 이루어진 보조의 선사상 연구의 경향을 살펴보면 다음의 몇 부류로 묶어질 수 있다.

---

1 이덕진, 「지눌연구의 어제와 오늘」, 『지눌』 (서울: 예문서원, 2002)

첫째, 서지학적인 측면[2]. 둘째, 사상적 측면[3]. 셋째, 역사적 측면[4]. 네 번째, 교육학적 측면[5]을 비롯한 인접 학문과의 비교연구[6] 등으로 묶어 질 수 있다. 이들은 주로 역사 · 사상적 측면의 연구에 집중되어 있다.

---

2 許興植,「普照國師碑文의 異本과 拓本의 接近」, 季刊『書誌學報』9, (서울: 韓國書誌 學會, 1993); 朴相國,「普照國師의 生涯와 著述」,『普照思想』3, (서울: 普照思想研究 院, 1989); 李鍾益,「普照著述의 書誌學的 解題」,『普照思想』3, (서울: 普照思想研究院, 1989); 이종익,「普照撰述의 思想概要와 書誌學的 考察」,『普照思想』1, (서울: 普照思 想研究院, 1987)

3 李鍾益, 普照國師의 禪教觀,『佛教學報』9, (서울: 東國大學校 佛教文化研究所, 1972); 高翊晋,「普照禪의 定慧結社」,『韓國의 思想』, 尹絲淳;高翊晋編(서울: 열음사, 1984); 沈在龍, 普照禪을 보는 視角의 變遷史,『普照思想』1, (서울: 普照思想研究院, 1987); 權 奇悰, 高麗後期佛教와 普照思想,『普照思想』3, (서울: 普照思想研究院, 1989); 韓基斗, 「普照禪의 本質構造」,『普照思想』2, (서울: 普照思想研究院, 1988); 吉熙星,「知訥의 心 性論」,『歷史學報』93, (서울: 歷史學會, 1982); 姜健基,「知訥의 定慧結社」,『伽山李智 冠스님華甲紀念論叢 韓國佛教文化思想史』上, (서울: 伽山文庫, 1992)

4 鏡日,「曹溪宗 成立史的 側面에서 본 普照」, (서울: 普照思想研究院,1987); 閔賢九,「月 南寺址 眞覺國師碑의 陰記에 대한 一考察 – 高麗武臣政權과 曹溪宗」,『震檀學報』 36, (서울: 震檀學會, 1973); 韓基斗,「高麗佛教의 結社運動」,『朴吉眞博士華甲紀念韓 國佛教思想史』, 1975.; 金塘澤,「高麗崔氏武人政權과 修禪社」,『歷史學研究』10, (광 주: 全南大學校史學會, 1981); 李智冠,「知訥의 定慧結社와 그 繼承」,『韓國禪思想研 究』, (서울: 東國大學校出版部, 1984); 秦星圭,「高麗後期 修禪社의 結社運動」,『韓國學 報』36, (서울: 일지사, 1984); 蔡尙植,『高麗後期佛教史研究』, (서울:일조각, 1987); 崔柄 憲,「定慧結社의 趣旨와 創立過程」,『普照思想』5.6合, (서울:普照思想研究院, 1992)

5 朴殷穆,「知訥의 教育思想에 關한 研究」, (圓光大學校 大學院 博士學位論文, 1991); 徐 宗梵,「講院教育에 끼친 普照思想」,『普照思想』3, (서울:普照思想研究院, 1989)

6 姜健基,「神秘Paradox를 통하여 본 知訥의 空寂靈知心」,『韓國佛教學』7, (韓國佛教 學會, 1982); 박성배,「지눌의 돈오점수설과 퇴계의 사단칠정설의 구조적 유사성에 대 하여: 수행론적인 해석」,『普照思想』2, (서울: 普照思想研究院, 1988); 金榮鎬,「中國과 티벳에서의 頓漸論爭에서 본 普照의 頓悟漸修: 그 會通的 意義」,『普照思想』2, (서 울: 普照思想研究院, 1988)

즉 정혜결사운동의 사회적인 배경, 수선사와 최씨 무신정권과의 관계, 그리고 결사운동의 사회적인 기반에 대한 역사적 탐색과 정혜결사의 성격과 계승, 돈오점수 및 돈점론쟁에 대한 해석 등의 사상적 고찰에 집중되어 있으며 그 연구의 대상 또한 대부분 보조의 초기 저작이라고 할 수 있는『권수정혜결사문』이나『수심결』을 중심으로 이루어져 있다. 이러한 연구 성향에 의해 보조 후기의 저술인『법집별행록절요병입사기』,『원돈성불론』, 그리고『간화결의론』에 관한 연구는 미진하게 이루어졌으며[7] 이에 보조 선사상의 총체적인 조망이 요청된다.

한쪽으로 편중되어 있는 지금까지의 연구는 보조사상의 참모습을 온전히 파악할 수 없다는 문제를 지니고 있어, 본고는 이러한 문제제기로부터 출발하여 보조의 선사상을 정혜라는 문제를 중심으로 사상적 측면에서 고찰하고자 한다. 보조의 선사상에서 '정혜' 문제는 보조의 선사상체계에서 매우 중요한 위치를 차지하는데, 그럼에도 정혜에 관한 연구는 정혜결사운동을 중심으로 한 역사적 연구가 주류를 이루고 있으며, 보조의 정혜관 자체를 심도 있게 고찰한 철학적 연구는 거의 없는 실정이다.

초기 보조사상에서 정혜는 정혜결사의 핵심된 개념으로 이점에 대한 역사적인 논의는 많은 연구성과가 있다. 대표적으로 이런 연구성과를 정리한 것이 김 방룡의「정혜결사의 연구현황과 과제」가 있다.[8]

---

7   인경,『화엄교학과 간화선의 만남』(서울: 명상상담연구원, 2006)

8   김방룡,「정혜결사의 연구현황과 과제」『보조사상』20 (서울: 보조사상연구원, 2003)

이 연구는 제목에서 보듯이 정혜결사의 역사적인 의미와 가치에 대해서 연구 성과를 다룬다. 보조의 정혜사상을 직접적으로 다루지는 못하고 있다. 보조의 정혜사상에 관한 직접적인 연구는 김호성의 「보조의 이문정혜에 대한 사상사적 고찰」이 유일하다.[9] 이 논문도 보조의 『수심결』을 중심으로 시설한 자성정혜와 수상정혜의 이문정혜(二門定慧)와 돈오점수(頓悟漸修)와의 관계를 밝히고 있다. 여기서 수상정혜를 초기불교적 관점이나 북종의 신수계열로 이해한다. 반면에 자성정혜를 대승불교적 관점이고 돈오적인 혜능의 교설에 연결하여 이해한다.

이에 본 연구는 보조의 정혜관을 사상적 입장에서 그의 전 저작을 통하여 총체적으로 조명하는 데 그 목적을 둔다는 점에서 의의가 있다. 정혜는 인도 초기불교에서 뿐만 아니라 중국 불교에서도 불교 수행론의 중핵을 차지하는 중요한 문제이다. 따라서 보조의 정혜관 고찰에 앞서 이들의 역사적 맥락을 검토해야 할 필요가 있겠지만, 인도와 중국에 이르는 정혜를 둘러싼 사상사를 전부 거론하는 것은 너무나 방대하고 주제에서도 벗어난 까닭에 여기에서는 본 연구와 관련된 부분만을 간단하게 언급하고자 한다.

〈보조지눌의 정혜사상〉이라 할 때, 여기에는 세 가지 정도의 관점이 있을 수 있다.

첫째, 정혜를 중심으로 보조가 제시한 수행의 형태나 양식

---

9 金浩星, 「普照의 二門 定慧에 對한 思想史的 考察」, 『韓國佛敎學』 14, (서울: 韓國佛敎學會, 1990).

둘째, 정혜를 이해하는 보조의 사상적인 입장

셋째, 보조의 저술 속에 나타나는 정혜의 사상과 그 변천

이 세 가지는 그 성격에 있어서 구별되면서도 서로 상호관련을 가지고 나타나기 때문에, 어느 하나만 독립시켜 고찰할 수는 없다. 첫 번째의 정혜를 중심으로 한 수행관의 의미는, 두 번째의 사상적인 배경이나 입장을 고찰하지 않고는 명료하게 드러나지 않는다. 그리고 수행론과 그 사상적 기반은 상호의존적 관계를 가지면서 실제로는 저술들 속에서 일정한 관점 아래 구체적으로 기술되고 있다.

이것은 정혜의 이해가 저술에 따라 혹은 그 사상적 배경에 따라 달리 해석되고 이해될 수 있다는 것을 의미한다. 그러므로 본 연구의 중심과제는 저술에 따라 변천하는 보조의 정혜관을 그 사상적인 배경과 관련시켜 해석함으로써, 결국 정혜를 중심으로 그의 선사상 체계를 재구성하는 것이다.

이런 이유로 자연히 본 연구의 방법은 저술에 대한 엄격한 분석과 저술 사이에 보이는 이해의 차이를 드러내는 해석학적 방법이라고 할 수 있다.

해석학은 설명이나 분석보다는 이해와 체험을 통하여 인식하려는 태도를 견지한다. 물론 이것은 객관성의 결여를 의미하지는 않는다. 이러한 해석학적 방법은 역사와 문화에 나타난 가시적 현상들로 삶의 체험이 외적으로 표출된 표현들이다. 우리는 이런 외적으로 표출된

표현들을 근거하여 자신의 체험을 바탕으로 하여 타인들이 체험했던 내적 세계를 이해할 수가 있다.[10] 그래서 이 해석학적 방법론이 제시하는 과제[11]는 보조의 종교적인 체험이 가능했던 역사적인 상황과 종교적인 위기와 극복, 보조가 전수받은 정혜관과 그가 소화하여 발전시킨 창조성, 그리고 보조의 선사상체계 안에서 통일성의 문제들이라고 할 수 있다.

보조는 모든 저술을 통하여 정혜를 언급하고 있다. 그러나 『간화결의론』, 『원돈성불론』, 『진심직설』에서는 정혜라는 낱말을 한두 번 정도 밖에 사용하지 않는다. 그러므로 본 연구의 대상이 되는 주된 텍스트는 『권수정혜결사문』, 『수심결』, 『법집별행록절요병입사기』로 한정시킨다. 이 저술들 속에서 보조는 본격적으로 정혜라는 분명한 주제의식을 가지고 논의하고 있다. 따라서 본 연구는 각 저술의 특성을 고찰하면서 저술에 드러난 정혜문제를 분석하고 저술간의 이해차이의 변화를 밝히고자 한다.

제2장에 해당되는 『권수정혜결사문』에서는 보조가 처한 당시의 역사적인 상황과 이것을 극복하는 과정에서 나타난 정혜에 대한 이해가 어떻게 표출되고 있는지를 역사적인 맥락에서 고찰할 것이다. 제3장에 해당되는 『수심결』에서는 정혜을 중심으로 보조가 영향받은 선사상의 전통과 사상사적인 비교를 통하여 그의 창조성을 검토해 볼 것

---

10 吉熙星, 「普照思想 理解의 解釋學的 考察」, 『普照思想』1, (서울: 普照思想研究院, 1987), p.113.

11 위의 책, pp.113-118.

이다.

제4장에서는 『법집별행록절요병입사기』를 중심으로 중국의 사선종
파를 어떻게 수용하고 있으며, 보조의 선사상체계에 관한 문제를 재
검토하고자 한다. 그럼으로써 '정혜'를 중심으로 보조지눌의 선사상이
어떻게 변화되었고 체계를 이루는지 살펴볼 것이다.

II

정혜결사의
사상적 배경

정혜결사의
사상적 배경

여기서는 정혜결사운동의 성격이나 이념을 거론하기에 앞서 먼저 정혜결사운동의 역사적인 동기와 당시의 전반적인 사회적인 배경을 구체적으로 살펴볼 필요가 있다. 나아가서 초기불교에서 보조에 이르기까지 정혜결사에서 '정혜'의 사상사적인 고찰이 예비적으로 혹은 개관적으로 검토되어져야 할 필요가 있다.

1 정혜결사운동의 시대적인 배경

1) 불교계의 동향

종교도 전체사회 일부로 그 속에서 함께 숨 쉬고 영향을 주고받는다. 때문에 불교계의 자체 반성으로 시작된 결사운동은 불교계의 내부에만 한정되지 않고 곧 전체 사회로 파급되는 경향이 있음은 당연하고, 반대로 전체 사회의 분위기는 다시 불교계에 새로운 변화를 가

져오기도 한다. 일반적으로 고려시대의 결사운동은 불교계의 자체 반성이라는 측면과 지식인이 중심되어 기층사회(基層社會)로 파급된 면을 동시에 가지고 있다.[1] 특히 불교가 국교였던 고려사회에서 불교계와 일반사회와의 관계는 오늘날보다도 더욱 긴밀한 관계를 가지고 있었다고 보여진다.

우선 고려 문벌귀족사회(門閥貴族社會)가 12세기 후반에 접어들면서 그 자체의 모순이 점점 드러나기 시작하였다. 정치적으로는 중앙의 기존의 문벌출신과 과거제도를 통하여 등장한 신진 관료층 사이에 대립이 나타나고, 경제적으로는 귀족을 중심으로 한 토지의 독점으로 인하여 지방의 향리와 농민들의 불만이 점차 대두됨으로써 사회적인 거대한 변동의 원인이 되었다.[2]

이런 내부적인 모순은 마침내 1170년(毅宗24년)에 일어난 무신란을 기점으로 폭발하였는데, 1173년(明宗3년)에 김보당이 군사를 일으켜 정중부를 치려다 피살되고, 1174년에는 귀법사(歸法寺), 중광사(重光寺), 홍호사(弘護寺), 홍화사(弘化寺) 등의 승려 2천 명이 이의방을 치려다 실패하고, 1176년에는 공주 명학소(鳴鶴所)에서 망이, 망소이 등이 난을 일으켰다. 1179년에는 경대승이 정중부를 죽이고 실권을 장악하고, 1182년에는 전주에서 군인과 관노들이 난을 일으키고,

---

1 蔡尙植, 「高麗後期 天台宗의 白蓮社 結社」, 『高麗後期佛敎展開史硏究』, (서울:民族社, 1992.), p.223.

2 蔡尙植, 「高麗後期 修禪結社 成立의 社會的 基盤」, 『韓國傳統文化硏究』 제6집, 1990), P.20.

1193년에는 김사미, 효심 등이 난을 일으켜 민란의 형태로 발전되고, 1196년에는 최충헌이 이의민을 죽이고 최씨 무인정권의 막을 열었다. 1198년(神宗1년)에는 만적 등이 노예들을 모아 난을 일으키고 1199년에는 명주에서 난이 일어나고, 1200년에는 정의방 등이 진주에서 난을 일으켜 도적으로 화하고, 1202년에는 경주 별초군의 난이, 1203년에는 부석사(浮石寺), 부인사(符仁寺) 등의 승도들이 난을 계획하다 유배되는 사태가 일어났다.[3]

이와 같이 계속된 난은 지역적으로는 전국의 거의 모든 지역에 걸쳐서 일어났고, 신분을 보아도 문인, 무신, 지방관리, 농민, 노예에서 승려까지 거의 모든 계층에서 난을 일으킴으로써 정치와 사회적으로 커다란 혼란을 초래했다. 그러면 이러한 12세기 당시의 고려사회와 불교계 속에서 함께 호흡하고 체험하는 개인으로서 보조는 구체적으로 어떤 시대인식을 가지고 있었을까?

> 우리들의 일상생활을 돌이켜 보면 불법을 빙자하여 나와 남을 구별하면서, 이기적인 일에 허덕이고, 풍진 속에 빠져, 도와 덕은 닦지 않고 옷과 밥만 축을 내니 비록 출가했다고 하나 무슨 득이 있겠는가.
> 애닯다. 삼계를 벗어나고자 하나 세속을 뛰어 넘는 수행이 없으니 다만 사내의 몸을 받았을 뿐 대장부의 뜻은 어디에 있는가. 위로 도를 넓히는 일에 어긋나고 아래로 중생을 이롭게 하지 못하고 네

---

3 『高麗史』 列傳 제6, 제39, 제41.

가지 은혜를 저버리니 실로 부끄러운 일이다.

나는 오래 전부터 이를 한탄해 왔다. 마침 임인(壬寅, 1182년) 정월 개경 보제사(普濟寺)의 담선법회(談禪法會)에 참석했다가 하루는 동문 10여인과 함께 언약을 하였다.[4]

이상에서 말하고 있는 〈우리들의 일상생활을 돌이켜 보면〉, 〈장부의 뜻은 어디에 있는가?〉, 〈애닯다〉, 〈실로 부끄러운 일이다〉, 〈나는 오래 전부터 이를 한탄해 왔다〉 등의 표현들은 승가의 일원으로서 절박하고 안타까운 스님의 심정을 그대로 전해주고 있다.

지눌을 비롯하여 결사를 언약한 10여명의 동지들은, 당시 불교계의 상황을 〈불법을 빙자하여 나와 남을 구별하면서, 이기적인 일에 연연하고, 풍진 속에 빠져, 도와 덕은 닦지 않고 옷과 밥만 허비하는〉 매우 암담한 상황으로 인식하고 있다. 아마도 보제사 담선법회(談禪法會)를 마치고 그들은 이런 불교계의 현실에 관하여 토론도 하고 개혁의지를 서로에게서 확인했던 것 같다.

보조의 생애에서 보면 12살 되던 해인 1170년에 무신란이 일어난 이후 입적한 1210년에 이르기까지 난이 계속되었다. 어린 시절을 제외하고 개인적으로는 매우 어지러운 세상을 살았다고도 할 수 있다.

----

4 『勸修定慧結社文』, 앞의 책, p.7. '返觀我輩朝暮所行之迹 則憑依佛法 裝飾我人 區區
於利養之途 汨沒於風塵之際 道德未修 衣食斯費 雖復出家 何德之有. 噫 夫欲出離三
界 而未有絕塵之行 徒爲男子之身 而無丈夫之志 上虧弘道 下闕利生 中負四恩 誠以
爲恥 知訥 以長歎 其來久矣 歲在壬寅正月 赴上都普濟寺 談禪法會 一日與同 學十
餘人約'

이러한 때를 당하여 뜻을 같이 하는 도반들을 만나게 된 개성의 보제사에서 있었던 담선법회는 매우 중요한 전기가 되었음을 짐작할 수 있다. 반드시 고쳐져야 한다고 혼자서 한탄하는 감상적인 개인의 수준에 머물지 않고, 선수행공동체라는 하나의 분명한 이념과 방법을 모색할 수 있는 사회적 개혁의 출구를 발견한 계기가 되었기 때문이다.

이런 사회적인 혼란에 대한 당시 불교계의 대응은 어떠했는가? 지금까지 불교역사학계의 연구 성과를 종합해 보면 두 가지 정도로 요약할 수 있다. 하나는 교종을 중심으로 한 무신들에 대한 항쟁을 통하여 현실에 직접 참여한 경우이고, 다른 하나는 수선사를 중심으로 한 보조의 '정혜결사운동'이나 백련사를 중심으로 한 요세(1163-1245)의 '백연결사운동'으로 나타난 내부 수행결사이다.

무신난 이후 가장 먼저 일어난 불교계와 관련된 사건은 1170년에 이 의방을 살해코자 하는 무인 이 고의 모의사건이었다. 계속하여 1174년에 귀법사, 중광사, 홍호사, 등의 승려들이 이 의방을 다시 치려다 오히려 실패하여 절들이 불타고 상호간에 많은 인명피해가 발생했다.[5] 『고려사』의 기록에 의하면 불교계의 무인정권에 대한 이러한 항쟁은 고종4년(1217년)까지 6·7차례에 발생하는데[6] 한결같이 교종계열의 사찰을 중심으로 일어났다.[7] 선종은 신라말기에 개창되었지만

---

5 『高麗史』, 列傳, 李義方條.

6 같은 책.

7 閔賢九,「月南寺址 眞覺國師碑의 陰記에 대한 一考察」,『震檀學報』제36집, (서울: 震檀學會, 1973) pp.29-32.

매우 미약한 상태에 있었고, 당시의 불교계는 화엄종이나 법상종 같은 교종이 주류를 이루었다.[8] 교종은 고려초기부터 왕실과 문벌귀족의 비호를 받으면서 자연스럽게 정치와 경제적으로 문신의 지배체제를 옹호했다. 나중에 의천(1055-1101)에 의해서 개창된 천태종의 경우도 국가의 공식적인 인가를 받으면서 새로운 불교로 발전을 모색하려고 했지만 결국에는 두터운 문벌귀족체제에 결합되어 보수적인 교종으로 통합되어 버렸다.[9] 그렇기 때문에 다분히 정치적이고 복고주의적인 성격을 가진 교종의 반발은, 문신 중심 체제를 거부하는 무인정권과 대립된 관계에 놓일 수밖에 없었다.

이러한 12세기 당시 불교계가 처한 상황은 급변하는 시대적인 현실 속에서 종교집단이 일반사회와 어떤 관계를 어느만큼 유지해야하는지를 다시금 생각하게 한다. 적극적인 현실참여에서 종교적 의미를 찾을 것인가? 아니면 현실로부터 거리를 둔 초연한 자세가 바람직한 종교적인 태도인가?

아마도 개경 보제사의 담선법회에 참석했던 젊은 승려들은 적어도 자신에게 이 실존적 질문을 한번쯤은 던져 보았을지도 모른다. 여기서 분명한 것은 어느 길이나 약점이 있고, 절대적으로 어느 쪽이 옳다고 결론을 내릴 수도 없다는 것이다. 현실에 대한 적극적인 참여의 길은 언제든지 세속적인 타락의 위험이 있고, 현실로부터의 초연적인

---

8 蔡尙植, 앞의 책, p.217.

9 위의 책, P.217.

태도는 무기력한 체념이나 공허함에 떨어질 가능성이 있다. 단지 여기서 말할 수 있는 것은, 적어도 외형적으로 일생을 난리 속에서 보낸 보조의 경우에는 당시 교종중심의 불교계의 상황에서 긍정적인 면보다는 단점을 더 많이 보았다는 것이다.

> 그런데도 함부로 지내어 탐욕과 분노, 질투와 교만, 방종으로 명예와 이익을 구하고 헛되이 세월을 보내면서 쓸데없는 말로 세상일에 참견한다. 계행의 덕도 없으면서 신도의 보시를 받아들이고, 남의 공양을 받으면서 부끄러워할 줄을 모른다. 이와 같은 그 허물이 끝이 없는데 어찌 덮어 두고 슬퍼할 줄 모르는가.[10]

보조는 당시의 불교계가 스스로의 정화능력을 상실했으며, 명예와 이익을 위해 부끄러워할 줄도 모르면서 쓸데없이 세상일에 참견한다고 진단하고 있다. 그렇기 때문에 보조에게는 사회 개혁운동이나 불교 교단의 제도와 관행을 일신시키고자 하는 적극적인 현실참여의 개혁도 중요하지만, 오히려 〈인연을 따라 감응하면서 마음을 쉬는〉 내적인 의식개혁이 더 시급하고 절박한 일차적 과제로 다가왔다는 것이다. 이렇게 하여 1182년에 보제사에서 뜻을 같이하는 도반 10여인과 〈아름다운 기약〉을 하였는데, 이 수행 공동체의 전제조건으로는 〈세

----

10 『勸修定慧結社文』, 앞의 책, p.8. '尙復恣意 貪嗔嫉妬 我慢放逸 求名求利 虛喪天日 無趣談話 論說天下 或無戒德 空納信施 受人供養 無慚無愧 如是等愆 無量無邊 其可覆藏 不爲哀痛乎'

속적인 명예와 이익을 버리고 산 속에 은거하여 물가와 숲 아래서 성태(聖胎)를 길러야 한다〉는 것이었다.

> 우리들은 지금 아름다운 기약을 맺고 미리 비밀한 서약을 하여 마땅히 청정한 행을 닦아야 한다. 그래서 진정한 가풍을 우러러 스스로 낮게 여기지 말며, 계율과 선정과 지혜로써 몸과 마음을 닦고 번뇌를 덜고 덜어서, 물가와 숲 아래서 성태를 길러야 한다.[11]

만약 이 조건이 만족되지 않는다면, 산에 들어갔더라도 〈거짓으로 위의를 지키면서〉, 〈남의 공양을 받으면서도 부끄러워할 줄 모르는〉 위험에 떨어지기 때문이다. 사실 세상에 나와 현실참여를 주장하는 이들은 잘못하면 시류에 영합하여 출가본분의 길을 망각할 위험이 있고, 반대로 산으로 은거하는 이들은 편안함과 자기만족에 떨어져 대사회적인 승가의 윤리적인 책임을 망각할 수가 있다. 그래서 보조는 이점을 경계하고 있는 것이다.

> 만일 도를 닦는 사람이 명리를 버리고 산에 들어가 이런 행을 닦지 않고 거짓된 위의를 나타내어 신심있는 시주들을 속인다면, 그것은 차라리 명리와 부귀를 구하고 주색에 빠져 심신이 혼미한 채 헛되이 일생을 보낸 것만도 못할 것이다.[12]

----

11 위의 책, p.29. '我輩 今結佳期 預伸密誓 當修梵行 則仰慕眞風 不生自屈 以戒定慧 資薰身心 損之又損 水邊林下 長養聖胎'

12 위의 책, p.29. '若修道人 捨名入山 不修此行 詐現威儀 狂惑信心檀越 則不如求名利

사회적인 참여와 승가의 역활을 강조하는 측면에서 보조의 선수행 공동체를 '세상에의 초월'로 이해하고 '세간으로의 복귀'가 없다고 하는 견해도 있는데[13] 위의 글에서 보듯이 현실로부터의 초월은 결코 일신만을 위함도 아니요, 중생을 널리 건지리라는 큰 서원의 표현인 것이다.

서원은 사회적인 윤리의식의 하나이며, 세간으로의 복귀를 그 본질로 한다. 일상의 우리의 의식이나 마음은 반드시 그 무엇을 '향한' 마음이며, 무엇에 '관한' 의식이다. 순간순간의 마음이나 의식의 작용은 대상을 가지고 있고, 이런 대상에 집착되어 있는 한 그것은 세속적인 분별이다. 그러나 일단 이 분별에 미친 마음이 쉬어 허공처럼 걸림이 없이 자재한다면, 성속의 구별은 무의미하다. 보조의 입장에서 보면 개혁의 대상은 외부에 무엇이 존재한다고 끊임없이 향하는, 그래서 스스로 땅에서 넘어진, 바로 우리의 마음이다. 이런 관점에 서면 현실참여라든가, 현실로부터의 초월이라든가 하는 모순처럼 보이는 두 길은 서로 통합되어, 어느 쪽도 치우치지 않는 중도에 이른다. 마음의 분별, 미혹이 사라짐, 이것이 곧 마음의 정화이며, 사회적인 윤리의 회복이다. 이런 까닭에 반대로 선수행 공동체는 가장 적극적인 사회개혁의 출발인 것이다. 이 내적인 개혁의 발걸음은 결코 소란스럽지 않다. 그래서 보조은 정혜결사를 〈아름다운 기약〉이며, 〈비밀한 서약〉이

富貴 貪着酒色 身心慌迷 虛過一生也.'

13 法性, '결사를 새롭게 전망한다.', 『海印』 16호, 1991년10월, P.17.

라고 표현한다.

2) 정혜결사의 성격과 이념

그러면 이런 역사적인 상황에서 정혜결사는 어떠한 성격과 이념을 가지고 있었는가? 이점은 『권수정혜결사문(勸修定慧結社文)』(이하 『권수문(權修文)』[14]이라고 칭함)에 잘 나타나 있다.

『권수문』은 보조(1158-1210)가 당시의 불교계를 비판하고 불교혁신운동을 주창하면서 결사한 일종의 선언문이라고 할 수 있다. 모든 선언문이 그렇듯이 '정혜닦기'를 권하여 결사하는 이 글에서, 보조는 결사의 정신, 배경 그리고 구체적인 행동지침을 제시하고 있다. '정혜결사'를 오늘날의 용어로 풀이한다면, '정혜'란 '선'의 다른 명칭이고[15], '결사'란 〈공동체를 만든다〉는 뜻이므로[16], '선수행공동체를 만들자'는 의미이다.

오늘날까지 적극적인 불교개혁의 한 방식으로[17] 자리 잡고 있는 보

---

14 앞의 책, p.26. "故 此勸修文中 皆依大乘經論之義"에서 보듯이 『勸修文』이라는 略稱은 普照가 스스로 부르고 있기 때문에 本考에서도 그대로 채용함.

15 宗密, 『禪源諸詮集都序』, '禪是天竺之語 具云禪那 中華飜云思惟修 亦云靜廬 皆是定慧之通稱也'

16 李箕永, 「高麗後期의 民族思想」, (『韓國民族思想大系』中世 3,1974,p.95.)에서 結社는 寺刹名인 동시에 그 사찰을 중심으로 모이는 信仰團體의 이름으로 보고 있다.

17 普照의 定慧結社가 1989년에 출범한 대중불교결사나 1990년에 시작된 선우도량같은 현대의 결사운동에 미친 영향은 지대하다고 본다. 강건기의 다음 논문을 참고바람. 강건기, 「현대결사운동에 미친 지눌의 정혜결사」, 『普照思想』 5,6 합집, (서울:보조

조의 이 정혜결사운동은 1182(明宗12) 정월에 개경에 있는 보제사의 담선법회에서 처음 태동되었다. 보조는 승과에 합격하고 당시의 불교계의 타락상을 비판하면서 도반 10여 명과 함께 명리를 버리고 산림에 의거하여 결사 맺을 것을 약속 하였다.[18] 그러나 결사는 곧장 이루워지지 않고 8년 후인 1190년(明宗20) 팔공산 거조사에서 『권수문』을 반포함으로써 비로소 닻을 올리게 되었다. 그러다가 10년 뒤인 1200년(神宗3)에 송광산의 길상사(오늘날 송광사)로 그 근본도장을 옮기면서 본격화 되었다. 이때 정혜결사라는 수행공동체의 명칭을 인근에 '정혜사'라는 절이 있기 때문에 '수선사'로 고쳤으나 『권수문』이 함께 인쇄되어 반포하면서 '정혜결사문'이라는 제목은 고치지 않았다.[19]

이것으로 볼 때 정혜결사는 단시일에 성취된 것이 아니다. 처음 뜻을 발한 보제사 이후로부터 송광사까지 18년이 지나서야 본격적으로 추진되었다. 또 주목해야 할 점은 사회적으로는 매우 혼란된 시기였지만 개인적으로 볼 때는 산림에 은둔한 이 18년의 세월은 동시에 보조의 생애에서 수행이 깊어지고 더욱 성숙되어 가는 기간이었다는 것이다. 바로 이점은 출가자의 본연의 길을 걷고자 하는 정혜결사의 성격을 그대로 시사해 준다.

사상연구원, 1992).

18 佛日普照國師碑銘, 『普照全書』,(서울:普照思想研究,1989), p.420.

19 『勸修定慧結社文』 앞의 책, p.30. '以隣有定慧寺 名稱混同故 受朝旨 改定慧社 爲修禪社'

이 모임이 끝난후 우리는 세속적인 명예와 이익을 버리고 산속에 은거하여 동사(同社)를 만들어 항상 선정을 익히고 지혜를 닦기를 힘쓰자. 예불하고 독경하고 울력하는 일에 이르기까지 저마다 소임에 따라 수양하여 한평생을 구속없이 지내면서 진인달사의 높은 행을 따른다면 어찌 기쁘지 않겠는가.[20]

적어도 보조는 정혜결사의 방향에 관하여 〈명리를 버리고 산림에 은둔하는 것〉, 〈습정균혜(習定均慧)하며 예불하고 전경하고 함께 울력하는 것〉, 〈각기 소임에 따라 일하며 성품을 기르는 것〉, 〈진인달사의 고행을 본받는 것〉 등 네 가지를 제시한다. 이중에서도 가장 큰 특징은 선정을 익히고 지혜를 균등하게 닦음[習定均慧]에 의한 성품을 기르는 것이다. 〈명리를 버리고 산림에 은둔하는 것〉, 〈예불전경으로 함께 울력하는 것〉, 〈각기 소임에 따라 일하며〉, 〈진인달사의 고행을 본받는 것〉은 선정을 익히고 지혜를 균등하게 닦음에 의해서 성품을 기르기 위함이라고 말할 수 있다. 바로 이것이 보조의 선수행공동체가 가지는 정신이자 이념이다. 그러면 그 구체적인 내용은 무엇인가?

이런 질문에 관한 대답은 『권수문』의 머리말에 해당되는 첫 문단에서 찾을 수 있다.

공손히 들으니, '땅에서 넘어진 사람은 땅을 짚고 일어나라'고 하

---

20 위의 책, p.7. '罷會後 當捨名利 隱遁山林 結爲同社 常以習定均慧爲務 禮佛轉經 以至於執勞運力 各隨所任而經營之 隨緣養性 妨曠平生 遠追達師眞人之高行 則豈不快哉'

는 말이 있다. 땅을 떠나 일어나려 하면 일어날 수가 없다. 일심에 어리석어 끝없는 번뇌를 일으키는 자는 중생이요, 일심을 깨달아 무한한 묘한 작용을 일으키는 자는 부처다. 미혹과 깨달음은 다르지만 요지는 일심에 달린 것이다. 그러므로 일심을 떠나 부처를 구하려 하는 것은 옳지 않다.[21]

보조는 정혜결사 선언문의 서두에서 마음이 모든 문제의 근원임을 일깨우고 있다. 이것의 요점은 중생과 부처는 일심이 어리석은가 아니면 깨달아 밝은가에 달려있다는 것이다. 뒤집어서 말하면 일심이라는 관점에서 보면 중생과 부처는 다르지 않다는 것이다. 마음은 중생이기도 하고 부처이기도 하다는 것인데, 차이는 일심에 대한 깨달음이 있는가 없는가에 달려있다. 곧 '땅에서 넘어졌기 때문에 땅에서 일어나자'는 것이다. 여기서 땅이란 바로 우리들의 마음자리를 의미한다. 마음에 미혹하여 넘어지면 중생이요, 그 마음을 깨달아 일어서면 부처이다. 중생이든지 부처든지 마음 그 자리를 벗어나지 않으므로, 마음 찾는 일이야말로 중요하다. 또 사회학적인 관점에서 보자면, 결국 마음의 작용은 역사적인 현실을 바탕으로 하기 때문에, 땅이란 지금-여기의 우리가 직면해 있는 역사적인 조건이나 혹은 개인이 처한 삶의 현실로 해석될 수도 있다.

----

21 위의 책 , p.7. '恭聞 人因地倒者 因地而起 離地求起 無有是處也 迷一心而 起無邊 煩惱者 衆生也 悟一心而 起無邊妙用者 諸佛也 迷悟雖殊 而要由一心 則離心求佛者 亦無有是處也'

이런 점에서 보조가 주창했던 선수행의 공통체인 수선사의 모토는 〈땅에서 넘어진 자는 땅을 짚고 일어나라〉는 것인데, 이것은 당시의 사회와 불교계의 병폐를 치유하는 데 유용했을 뿐만 아니라, 결사운동의 자체에도 사상적인 측면이나 역사적인 관점에서 철저하고 충분한 자기인식의 토대를 제공했다고 볼 수 있다.[22] 왜냐하면 당시의 불교계의 암담한 현실은 바로 우리들의 마음에서 비롯되는 문제이기 때문이다. 사회적인 현실과 개인적인 마음은 서로 무관한, 말하자면 별개의 독립된 사물이 아니라는 것이다.

땅에서 넘어진 사람은 땅을 짚고 일어나면 된다. 적어도 출가자에게는 마음을 찾는다든가 땅을 짚고 일어난다고 하는 것은 절대 절명의 지상과제이다. 당위성만 있고 구체적인 방법이 없다면 그것은 공허한 구호에 지나지 않을 것이다. 보조는 이점에 대해서도 철저한 인식을 가지고 있었다.

지눌이 젊어서 조사의 세계에 몸을 던져 선원을 두루 다니면서 부처님과 조사가 중생을 위해 내리신 가르침을 자세히 살펴볼 때, 얽힌 모든 인연을 쉬고 마음을 비워 안으로 거두고 밖으로 치달리지 않게 함이니, 경전에서 '부처님을 알려거든 그 마음을 허공처럼 맑게 하라'는 가르침과 같은 뜻이다.
부처님과 조사의 가르침을 보고 듣고 외고 익히는 자들은 마땅히

----

22 韓基斗, 「東林結社의 思想的 源泉과 修禪結社」, 『普照思想』5.6합집, (서울: 普照思想研究院, 1992, p.159.)에서 결사운동이 동지들과 마음을 새롭게 변화시키는 길이지만 동시에 이것은 사회적으로도 큰 의미를 가지고 있음을 밝히고 있다.

부처님법 만나기 어렵다는 생각을 내어 자신의 지혜로써 비추워 보아 말씀하신대로 수행하라. 만약 이렇게 스스로 부처님 마음을 닦고 불도를 이루어서 몸소 부처님의 은혜를 갚게 될 것이다.[23]

　적어도 위 본문의 문맥에 따른다고 한다면 그것은 〈모든 인연을 쉬고[休息諸緣]〉, 〈마음을 비워[虛心冥契]〉, 〈밖으로 찾지 않는 것[不外馳求]〉이다. 곧 〈자신을 스스로 비추어 보아[自用智慧觀照]〉, 〈그 마음을 허공처럼 맑게 하는 일[淨其意如虛空]〉이다. 〈스스로의 지혜로 자심을 비추어 보는 것〉은 〈땅을 손으로 짚는 것〉이요, 〈허공처럼 맑은 마음〉은 〈땅으로부터 일어남〉에 해당된다. 비추어보는 것이 원인[因]이 되어서 허공처럼 맑은 마음이라는 결과[果]에 도달한다는 내용이다.

　이렇게 해서 선수행의 공동체인 수선사의 〈땅에서 넘어진 자는 땅을 짚고 일어나라〉고 하는 모토는 〈밖으로 찾는 마음을 쉬고, 안으로 스스로를 지혜로써 살펴봄〉을 의미한다고 할 수 있다. 그런데 〈밖으로 찾는 마음을 쉰다〉는 것은 '定'을 의미하고, 〈안으로 스스로를 지혜로 살펴봄〉은 '慧'를 의미하기 때문에 결국 보조 당시 수선사의 정신적인 이념은 그들 스스로 지은 이름 그대로 〈정혜를 닦는 것〉이라고 말할 수 있다.[24] 이것은 선수행공동체가 지향해야 할 중심이념이고 절대적

23　勸修定慧結社文, 앞의 책, p.7. '知訥 自妙年投身祖域 遍參禪肆 詳其佛祖 垂慈爲 物
　　之門 要令我輩 休息諸緣 虛心冥契 不外馳求 等之謂也 凡見聞誦習者 當起難遇之心
　　自用知慧觀照 如所說而修 則可謂自心佛心 自成佛道 而親報佛恩矣.'
24　위의 책, p.29. '能成此約 隱居林下 結爲同社 則宜以定慧名之 因成盟文 而結意焉'

인 과제였다. 보조는 이것이야말로 당시의 시대적인 상황에서 마땅히 출가자로서 부처님의 은혜에 보답하는 길이며, 수행의 정신이라고 믿었다.

정혜를 닦는 것은 밖으로 향한 마음이 아니라 반대로 마음을 쉬고 안으로 스스로 비추어 살피는 일이다. 이런 점에서 사회의 모순이 극명하게 드러난 12세기의 고려사회와 불교계의 혼탁함을 비판하고 대안을 찾고자 하는 수선결사운동의 출발점은 모순된 사회를 개조시키자는 성급한 사회운동도 아니고, 불교교단의 조직과 체제를 일신하자는 급진적인 개혁운동도 아니었다고 평가된다. 오히려 반대로 그것은 겸허하게 자기 마음을 돌아보는 자기반성과 불성에 대한 자각에서 출발되었다.

여기서 분명하게 주목해야할 점이 있다. 보조에게 있어 개혁의 대상은 밖의 모든 인연들, 그러니까 사회나 교단의 잘못된 관행이나 조직 그 자체가 아니라, 땅에서 넘어진 바로 우리들 자신의 마음이었다는 것이다. 왜냐하면 이런 사회적인 이념이나 체제는 바로 우리들 마음에 의해서 만들어진 것들이기 때문이다. 그래서 부처님과 다름없는 마음을 가진, 우리들 자신이 올바르게 당당하게 다시 일어설 때, 불교는 스스로의 사회적 정화능력을 회복하리라는 확신을 보조는 가지고 있었다. 그런 까닭에 정혜결사운동은 무엇보다도 자신에 대한 철저한 반성과 자각을 전제로 했다. 평화롭고 맑지 않은 마음들에 의해서 설사 개혁이 이루어진다고 하더라도, 동일한 모순을 반복할 수 밖에 없기 때문이다. 그렇기 때문에 나중에 결사정신이 사회적인 의미를 가지고 사회운동의 형태로 발전되었다고는 하나 적어도 처음에는 사회 개혁에 우선하는 의식 개혁적인 측면이 강했다고 할 수 있다.

2 정혜의 사상사적 고찰

보조의 정혜관을 보다 객관적으로 검토하기 위해서는 정혜를 중심으로 한 불교사상사를 간단하게 개관해 볼 필요가 있다. 정혜와 지관은 서로 긴밀하게 연결되어 있기에 이들의 관계를 먼저 살펴보는 것이 좋겠다.

1) 초기 불교적 관점

보조는 정혜(定慧)와 지관(止觀)은 서로 동일한 선상에서 파악한다. 의미는 같지만, 수행의 과정에 따라서 명칭을 달리한다고 본다. 곧 발심할 때는 '지관', 제대로 닦아 행을 이룰 때는 '정혜'라고 불리운다. 그러나 양자는 성성적적(惺惺寂寂)을 벗어나지 않고, 적지(寂知)를 공유한다는 점에서 서로 다른 의미로 사용하지 않고 있다. 이점은 원효의 『기신론소』에서도 마찬가지로 사용한다. 양자를 구별하면서도 동일한 의미로 사용한다.

지관의 의미를 밝힌다면, 상(相)을 따라 논할 때는 정(定)은 지(止)를 말하며, 혜(慧)는 관(觀)을 의미한다. 실(實)에 나아가 논하면 정(定)은 지관(止觀)에 통하며 혜(慧) 또한 마찬가지다.[25]

여기서 '상(相)'을 따른다는 것은 외적인 조건이나 개별적인 문맥에 따라 정혜를 분리하여 이해되는 경우를 말한다. 그러나 실질적인 내용[實]에서는 정과 혜는 분리될 수 없기 때문에, 정은 지관에 통하고 혜 또한 지관에 통한다고 한 것이다.

일반적으로 정혜에 대한 초기불교적인 관점은 계정혜(戒定慧) 삼학이라는 범주에서 이해된다. 계정혜 사이는 '계→정→혜'라고 하는 단계적인 발전의 과정으로 보는 경우가 많다. 그 대표적인 경우가 『중아함』의 「상적유경(象跡喩經)」계의 수행도이다.[26] 이 경에서 부처는 수행의 과정을 코끼리의 발자국에 비유하여 13단계로 설명한다. 이것을 계정혜 삼학에 의해서 요약하면 다음과 같다.

戒 : (1) 여래의 설법과 재력가의 출가
     (2) 계의 수득
定 : (3) 감관의 제어
     (4) 정념 정지

----

25 元曉撰,『起信論疏』卷下, 大正藏44, 222.上. '此中略 止觀之義 隨相而論 定名爲止 慧名爲觀 就實而言 定通止觀 慧亦如是'

26 田中教照,『初期佛教の 修行道論』, (東京:山喜房佛書林, 平成 5년), p.169.

(5) 독주원리(獨住遠離) 오개사단(五蓋捨斷)

(6) 초선

(7) 이선

(8) 삼선

(9) 사선

慧 ;　(10) 宿住隨念智

(11) 생사지(死生智)

(12) 루진지(漏盡智)

(13) 해탈(解脫)

이상 코끼리의 발자국으로 비유되는 13 단계의 수행은 계(1, 2), 정 (3, 4, 5, 6, 7, 8, 9), 혜(10, 11, 12, 13)으로 대별되는데, 이것은 다시『아 비달마집이문족론(阿毘達磨集異門足論)』이나『인시설론(人施設論)』등 의 초기 아비달마문헌에 영향을 주었다.[27]

그러나 적어도 한역 아함경이나 Pali Nikaya에 근거하여 지관과 연 결하여 볼 때, 삼학의 관계가 반드시 계→정→혜라는 순차적인 방식 으로만 나타나지는 않는다.

『잡아함』17, 464 동법경에는 지관겸수(止觀兼修)의 입장뿐만 아니 라 다양한 형태의 가능성을 다 보인다.

존자 아난이여 빈곳이나 나무밑, 한가한 곳에서 마땅히 두 법을 골

---

27 田中敎照, 위의 책, p.175.

똑히 생각해야 하나니, 이른바 지와 관입니다...(중략)... 존자 아난
이여. 지를 닦아 익히면 마지막에는 관이 이루어지는 것입니다. 관
을 닦아 익힌 뒤에는 또한 지를 이루는 것입니다. 이른바 거룩한
제자는 지와 관을 함께 닦아 모든 해탈의 경계를 얻는 것입니다.[28]

『잡아함』21, 560 도량경에서도[29] 동일한 내용이 보인다. 즉 지가 선
행하는 관, 관이 선행하는 지, 함께 결합된 지관 등의 수행을 말하고 있
다. 또 Pali『증지부』에는 수행자의 근기에 따른 행태를 보여주고 있다.

비구들이여, 세상에는 네가지 유형의 사람들이 있다. 어떤 것이 그
네가지인가?
1) 이와 관련하여, 비구들이여, 내적으로 마음의 적지(寂止,
   samatha)를 얻었지만, 법을 관찰하고 통찰할 수 있는 수승한 지
   혜(智慧, vipassana)를 얻지는 못한 그런 부류의 사람이 있다.
2) 반면에 이와 관련하여, 비구들이여, 法을 관찰하고 통찰할 수
   있는 수승한 지혜를 얻었지만, 내적으로 마음의 적지를 얻지 못
   한 그런 부류의 사람이 있다.
3) 또한 이와 관련해서, 비구들이여, 내적으로 마음의 적지를 얻지
   도 못하고 법을 관찰하고 통찰할 수 있는 수승한 지혜도 얻지
   못한 그런 부류의 사람들이 있다.

----

28 『雜阿含經』卷第17, 同法經, (『大正藏』2,118.中), '修習於止 終成於觀 修習 觀已 亦成
   於止 謂聖弟子 止觀俱修 得諸解脫界'
29 『雜阿含經21』p.560, 「度量經」, (『大正藏』2,146.上). AN.4.170.「Yuganandha」, (PTSR-
   AN.II.156.): (PTSE-AN.II.162.)

4) 반면에 이와 관련해서, 비구들이여, 내적으로 마음의 적지도 얻
고 법을 관찰하고 통찰할 수 있는 수승한 지혜도 얻은 그런 부
류의 사람이 있다.

비구들이여, 세상에는 바로 이러한 네 가지의 유형의 사람들이 존
재하고 있다.[30]

이 경우는 수행자의 개인적 근기의 존재를 인정하고 있다. 정혜를
중심으로 정만 있는 경우, 혜만 있는 경우, 둘 다 있는 경우, 모두 결여
된 경우로 나누고, 그 기질에 따라 정만 있는 경우는 정→혜, 혜만 있
는 경우는 혜→정, 정혜가 모두 결여된 경우는 정념(sammāsati)과 정지
(sampajāna)로써 불퇴전의 노력을 해야 한다. 정혜를 동시에 구족한 사
람은 무루의 경지에 들어야 한다고 말하고 있다. 즉 이것은 다양한 형
태의 정혜의 수행과정을 보여주고 있다. 물론 초기불교에서 주류를
이루는 정혜의 관계는 순차적이고 단계적인 발전의 과정이다. 그러나
결코 일률적으로 계→정→혜라는 순차적인 방식으로 고정시켜 이해
하지 않는다는 것이다. 부처님은 다양한 근기의 사람들에게 그때그때
의 상황에 맞게 대기설법을 하였기 때문이다.

그런데 이것이 계→정→혜라는 순차적인 방식으로 정착이 된 때는
다양하고 즉설적인 부처님의 가르침을 체계화시킨 부파불교시대인
것 같다. 이점은 부파불교의 후기에 들어서, 그리고 특히 상좌부의 논
장과 주석서에서 더욱 두드러진 특징이라고 여겨진다. 『아비달마집이

---

30 AN.4.92.「Samadhi」, (PTSR-AN.II.92.): (PTSE-AN.II.101)

문족론』같은 초기의 아비달마론서[31]에서 계정혜 삼학의 순차적인 수행도를 채택한 면이 있다고 하지만, 다음의 경우와 같이 정혜쌍수도 같은 비중으로 인용한다.

> 정이 없으면 혜가 없고, 혜가 있지 않으면 정이 없다.
> 요컨데 정이 있고 혜가 있어야 바야흐로 열반을 증득한다.[32]

Pali 상좌부 논장의 후기 주석서라고 할 수 있는 Buddhaghosa의 『청정도론』에서도 철저하게 계정혜 삼학의 순차적인 수행의 단계를 설정한다. 여기서는 수행의 단계를 계청정, 심청정, 견청정, 도의청정, 도비도지견청정, 행도지견청정, 지견청정의 7청정로 나누고, 이 7청정을 그대로 『청정도론』의 목차에다 순서대로 배열한다. 1장과 2장은 계청정(Purification of Verture), 3장부터 17장은 심청정(Purification of Consciousness), 18장은 견청정(Purification of View), 19장은 도의청정(度疑淸淨, Purification by Overcoming Doubt), 20장은 도비도지; 견청정(道非道智見淸淨, Purification by Knowledge and Vision of What Is and what Is Not Path), 21장은 행도지견청정(行道智見淸淨, Purification by

---

31 上座部의 論書들은 일반적으로 전기, 중기, 후기로 나누어진다. 論書는 일시에 성립된 것이 아니라 순차적으로 만들어졌기 때문이다. 이중 가장 오래된 것이 『人施設論』이다. 그리고 설일체유부의 가장 오래된 論書가 바로 『集異門足論』이다. 平川彰, 『印度佛敎의 歷史』, 李浩根譯, (서울: 民族社, 1989), pp.155-168.

32 阿毘達磨集異門足論 卷第三, (『大正藏』26.375.中.), '非有定無慧 非有慧無定 要有定有慧 方證於涅槃'

Knowledge and Vision of the Way), 22장과 23장은 지견청정(Purification by Knowledge and Vision)이 각각 해당된다.[33] 다시 이것을 계정혜 삼학에 의거하여 정리하면 아래와 같다.

계의 실천; 계청정(1장, 2장)
정의 실천; 심청정(3장-17장)
혜의 실천; 견청정(18장), 도의청정(19장), 도비도지견청정(20장),
　　　　　행도지견청정(21장), 지견청정(22장, 23장)[34]

이것이 Pali Nikaya나 청정도론을 그 소의경전으로 하는 오늘날 남방불교의 전통에서 철저하게 계정혜 삼학을 순차적으로 이해하는데, 결정적인 역할을 했다고 생각된다. 이런 관점은 현대에서는 팔정도를 해설하는 경우에, 지혜의 영역에 속하는 정견과 정사유를 제일 나중에 배차하여 설명한다[35]. 8정도의 경우도 계정혜 순서로 배열하여 이해하는 남방불교 전통을 잘 보여준다.

2) 대승불교와 선종에서의 이해

부파불교에 의해 정형화된 계→정→혜라는 순차적 방식의 이해는

33　B.Buddhaghosa, The Path of Purification,Trs.by Nyanamoli,(Berkeley and London:Shambhala,1976)

34　平川彰,『印度佛教史』, (동경:춘추사, 1987), p.224.

35　Walpola Rahula, What the Buddha Taught(New York: Grove Press, 1974), P.49

대승의 『반야경』에서는 지혜가 강조되면서, 거꾸로 혜를 첫째로 하는 이해로 바뀌었다.[36] 혜를 계와 정의 발전된 내용이나 작용으로 보지 않고 반대로 계와 정을 혜의 내용이고 작용으로 이해하게 된다. 세간적인 삶의 양식으로부터 '멀리 떠남(遠離)'과 같은 부파불교적 법집을 파하는 보살의 큰 실천을 강조하는 대승의 사상이 엿보이는 대목이다.

그런데 인도의 불교사에서 보여주는 정혜의 문제는 중국의 선종에 와서는 다시 한 번 변화를 겪게 된다. 그것의 결정적인 계기는 북종선(北宗禪)과 남종선(南宗禪)의 대립에서 드러났는데, 북종선이 전통적인 정혜관을 제시한 반면에 『육조단경』의 남종선은 정혜불이라는 관점을 제시한다.

> 선지식아, 나의 법문은 선정과 지혜를 기본으로 삼는다. 어떤 상황에서라도 실수라도 결코 선정과 정혜가 다르다고 말하지 말라. 선정과 지혜는 하나요, 둘이 아니다. 선정 자체가 지혜의 본체요, 지혜 자체가 선정의 작용이다. 지혜가 있는 순간 선정은 지혜 속에 있고 선정이 있는 순간 지혜는 선정에 있다. 선지식들아, 이것은 선정과 지혜가 같음을 뜻한다. 도를 배우는 이들은 조심하여 선정에서 지혜가 생긴다거나 지혜에서 선정이 생긴다거나 선정과 지혜가 각자가 다르다고 말하지 말라.[37]

---

36 柳田聖山『선의 사상과 역사』, 안영길 · 추만호 역, (서울: 민족사, 1989), p.57.

37 六祖大師法寶壇經, (『大正藏』 48.352.下), '善知識 我此法門 以定慧爲本 大衆 勿迷言定慧別 定慧一體不是二 定是慧體慧是定用 卽慧之時定在慧 卽定之時慧 在定 若識此義卽時定慧等學 諸學道人 莫言先定發慧先慧發定各別'

『육조단경』의 정혜불이(定慧不二)의 사상은 등불과 빛의 관계로 설명되기도 한다. 등불은 빛의 본체요, 빛은 등불의 작용이다. 이들은 본질상 둘이 아니다. 선정과 지혜의 관계도 이와 같기 때문에, 선후에 대한 논쟁은 미혹된 사람의 일이다. 이것은 정혜불이의 수행론을 표방하는 남종선이 정혜의 순차적인 수행론을 가진다고 믿어지는 북종선을 비판하는 시각의 일단을 보여주는 것이다. 지금까지 논의를 정리하면 남방 초기불교적 전통에서는 '계→정→혜' 순서가 중요한 발전과정으로 정착되었다. 대승불교에서는 오히려 혜를 맨 먼저 강조하여 '혜→계·정'의 방식을 보여준다면 동아시아 선종에서는 '정→혜' 혹은 '혜→정'으로 보지 않고 '정=혜'로 본다는 점에서 차이점을 가진다. 기본적으로 보조의 정혜사상은 이런 『육조단경』의 관점을 계승한다고 본다. 이점은 보조의 어록에서 어떻게 나타나고 있는지 본 연구에서 밝혀야할 중요한 과제이다.

III

『권수정혜결사문』의
방편대치(方便對治)

『권수정혜결사문』의
방편대치(方便對治)

　본 장의 과제는 『권수정혜결사문』에서 '정혜가 어떻게 이해되고 있는지'를 살펴보는 것이다. 특히 보조가 처한 당시의 역사적인 배경 속에서 경험한 종교적인 고뇌와 그것을 극복하는 과정에서 나타난 정혜결사운동의 그 사상적인 기반을 고찰함으로써 『권수정혜결사문』(이하 『권수문(勸修文)』이라고 약칭함)에서 나타나는 정혜의 의미를 드러내고자 한다.

1 『권수정혜결사문』의 내용과 조직

　『권수문』은 보조의 거의 모든 저작들과 마찬가지로 질문과 대답의 형식으로 구성되어 있다. 『권수문』은 일곱 개의 질문과 대답으로 구성되어 있다. 전체적인 내용과 조직을 개괄적으로 파악하기 위해서는 이 7개의 질문과 대답을 순서대로 분석하여 총 과목을 만들어 볼 필요가 있다. 다시 일곱 개의 질문들은 세 개의 범주로 나누어진다.

첫째, '정혜를 닦자'는 보조의 주장에 대한 반박에 대한 반론이다. 여기에는 질문1, 질문2가 해당된다. 질문1은 선종과는 전혀 다른 정토종의 입장에서 묻고, 질문2는 수행의 결과인 신통의 문제를 묻고 있다.

〈질문1〉 지금은 말법시대라 정도가 가리워졌는데 어떻게 선정과 지혜에 힘쓸 수 있겠는가. 부지런히 아미타불을 염하여 정토의 업을 닦는 것만 못할 것이다.[1]

〈질문2〉 스님이 지금 말한 것은 먼저 자신의 성품이 맑고 오묘한 마음임을 믿고 알아야만 그 성품을 의지하여 선을 닦을 수 있다는 것인데, 그것은 예전부터 스스로 불심을 닦아 불도를 이루는 요긴한 방법이다. 그런데 어째서 요즘 선 닦는 사람들은 신통의 지혜를 발하지 못한가? 신통을 나타낼 수 없다면 어떻게 실답게 수행한 사람이라 하겠는가?[2]

정혜의 입장에서 보면, 정토는 삼승권학(三乘勸學)의 견해이고 불요의경(不了義經)에 의지하는 잘못된 소견이며, 마찬가지로 신통도 선수행의 본분사의 일이 아니라 지엽적인 관심일 뿐이다. 그렇기 때문에 보조는 질문1의 정토적인 입장이나 질문2의 신통을 추구하는 관점

----

1 앞의 책, p.8. '時當末法 正道沈隱 何能以定慧爲務 不如勤念彌陀 修淨土之業也'

2 앞의 책, p.11. '汝今解說者 先須信解自身性淨妙心 方能依性修禪 是乃從上已來 自修佛心 自成佛道之要術也. 何故 凡見修禪之士 不發神通智慧乎'

의 수행을 사견으로써 파한다. 곧 첫 번째의 중심개념은 '파사견(破邪見)', 곧 '잘못된 견해를 깨뜨림'이라고 할 수 있다.

둘째, 정혜 닦음에 관한 올바른 인식의 결여에서 발생한 의심들에 대한 부분이다. 여기에는 질문3, 질문4, 질문5, 질문6이 해당된다.

〈질문3〉 만약 자기의 진성이 본래부터 저절로 이루어진 것이라면 마음 내키는 대로 두어 옛 성인의 법에 부합하도록 해야 할 것이다. 그런데 어째서 다시 관조(觀照)함으로써 밧줄도 없는데 스스로 묶으려고 하는가?[3]

〈질문4〉 부처님의 뛰어난 도가 깊고 넓어 생각하기 어려운데 지금의 말세중생들에게 자기 마음을 살피어 불도를 바라보게 하니 뛰어난 기질이 아니고는 의심하고 비방할 것이다. [4]

〈질문5〉 경전 가운데 백천 삼매와 한량없는 오묘한 법문을 말씀하신 것이 그물처럼 펼쳐 있다. 그래서 하늘을 덮고 땅을 둘러 싸 모든 보살이 그 가르침대로 받들어 행해서 끊고 증득하는 지위에 삼현 십지와 등각 묘각이 있다. 지금 성성하고 적적한 두 가지의 문에 의해 혼침과 인연에 얽힌 생각을 다스림으로써 마침내 최후의 경지를 기약하는 것은 마치 한 작은 물거품을 보고 큰 바다를 보

----

3   앞의 책, p.12.'約若自己眞性 本來圓成 但任心自在 合他古轍 何須觀照 而無蠅自縛乎'

4   위의 책, p.16. '諸佛妙道 心曠難思 今只令末世衆生 觀照自心 而希佛道 自非上根 未免疑謗'

았다고 하는 것과 같으니, 그것은 잘못된 소견이 아닌가?[5]

〈질문6〉 마음 닦는 사람이 널리 배우고 많이 듣고 법을 설하여 사람
을 교화한다면 곧 안으로 살펴어 마음 닦는 데는 손실이 될 것이
다. 또 남을 이롭게 하는 행이 없다면 고요한 데로만 빠지는 무리
들과 무엇이 다르겠는가?[6]

이상의 질문을 요약해 보면, 질문3은 '성품이 본래 원만하고 완성되
어 있는데 왜 정혜 닦음을 다시 요청하는가' 하는 점을 묻고 있는데,
여기에는 참다운 증득에 기초한 질문이 아니라 단순히 수행이 필요
없다는 스스로 오만한 마음[自高心]이 바탕을 이룬 까닭에 보조는 참
다운 닦음과 정혜의 올바른 이해를 설한다.

반대로 질문4는 '스스로 물러나는 마음[自屈心]에 의해 묘도는 매우
광대하고 깊은데 말세중생이 어떻게 알 수 있겠는가'라는 회의를 보
여준 것이다. 보조는 마음이 곧 영지(靈知)임을 말하는데, 이 자고심과
자굴심은 수행에서 치우치기 쉬운 양극단으로 이점을 매우 경계하고
있다.

질문5는 경전에는 백 천 삼매와 증득해가는 지위와 법문이 있는데

----

5   위의 책, p.17. '修多羅中 演說百千三昧 無量妙門 布網張羅 該天括地 諸菩薩 依教奉
    行 至於斷證階位 則逐有三賢十地 等妙二覺 今但依性性寂寂二門 對治昏沈緣慮 終
    期究竟位者 如認一微區 二爲窮盡瀛渤 不其惑乎'
6   위의 책, p.21. '今時修心人 若博學多聞 說法度人 則損於內照 若無利他之行 則何異
    趣寂之徒耶"

정혜 두문으로 최후의 경지를 기약하는 것은 잘못된 소견이 아닌가라는 의심에 대해서, 보조는 정혜는 불교 수행의 근본적인 특성으로 초발심이나 성불에 이르기까지 정혜 아님이 없음을 강조한다.

질문6은 다른 사람을 위하는 일은 내조(內照)를 소홀하게 하고, 반대로 다른 사람을 이익케 하는 행이 없다면 고요함만을 찾는 이들이 아닌가 하는 딜레마에 대한 대답이다. 보조는 여기에 대해서, 보살은 이타의 서원을 세워서 먼저 정혜를 닦기 때문에 결코 자신만의 고요함을 즐기는 소승이 아님을 역설한다.

이런 질문들을 통해서 보조는 잘못된 견해나 의심을 깨뜨림은 물론 정혜의 진실을 드러내고자 한다. 그러므로 이 두 번째 범주의 중심개념은 현정혜[顯定慧], 곧 '정혜를 드러냄'라고 이름할 수 있다.

셋째, 질문7에서는 설사 정혜 닦음에 전념한다고 하더라도 고난을 받을 수 있다는 주저함에 대하여, 보조는 다양한 근기의 사람들과 수행자들의 유형을 구별하여 정혜 아님이 없음을 밝힌다.

〈질문7〉 요즘의 수행인들은 비록 선정과 지혜에 전념하지만 대부분 도력이 충분하지 못하다. 그러니 정토를 구하지 않고 이 예토에 머물러 있으면 여러 가지 고난을 만나 물러나지 않을까 두렵다.[7]

근기에 관하여 말하자면 단번에 성인의 경지에 이르러 신통력을 갖

----

7   위의 책, p.22. '今時行者 雖專定慧 多分道力未充 若也不求淨土 留此穢方 逢諸苦難 恐成退失.'

춘 이, 선근의 성품을 지니고 있어 오랜 버릇도 지혜로써 잘 다스리는 이, 모양에 집착하여 익힌 버릇이 너무 무겁기 때문에 장애를 일으킨 이라는 세 가지 경우로 분류한다. 수행자의 유형에 대해서는 마음이 밖의 대상에 집착함이 없이 텅 비고 고요하여 서로 통하는 이, 이름과 모양에 굳게 집착하여 대승의 법문을 듣지 못하는 이, 심지(心地)의 법문을 닦고 익히지만 그곳에 만족하여 더 나아가지 못하는 이, 정견이 굳세어 경전을 외우거나 염불에 전념해야 하는 이의 네 가지 부류로 나눈다. 그럼으로써 보조는 정혜로써 '모든 근기를 포섭[攝諸根機]'할 수 있음을 주장한다.

이상의 개괄적인 분석에 의해 나타난 질문1, 2,의 '삿된 견해를 깨뜨림[破邪見]', 질문3, 4, 5, 6의 '정혜를 드러냄[顯定慧]', 마지막 질문7의 '모든 근기를 정혜로서 포섭함[攝諸根機]'이라는 세 가지의 범주를 기준으로 하여『권수문』의 총과목을 표로 만들면 다음과 같다.

| 표1. | 총과목표

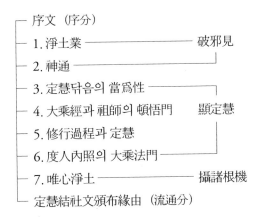

序文 （序分）
1. 淨土業 ―――――――――― 破邪見
2. 神通
3. 定慧닦음의 當爲性 ―――――――
4. 大乘經과 祖師의 頓悟門　顯定慧
5. 修行過程과 定慧
6. 度人內照의 大乘法門 ―――――
7. 唯心淨土 ―――――――――― 攝諸根機
定慧結社文頒布緣由 （流通分）

위에서 '삿된 견해를 깨뜨림[破邪見]', '정혜를 드러냄[顯定慧]', 그리고 마지막 '모든 근기를 정혜로서 포섭함[攝諸根機]'로 요약할 수 있다. 이것은 보조가 직접적으로 사용한 용어는 아니지만, 언어에 의해서 직접 드러난 표층적인 의미라기보다는 문맥 사이에 감추어진 작자의 의도, 즉 심층적 의미로 해석한다. 그래서 『권수문』의 찬술 의도는 첫째는 사견를 깨뜨리고, 둘째는 수행의 진실[定慧]을 드러내어, 셋째로 모든 근기의 사람들에게 대승법을 수행하도록 하는 것이라고 말할 수 있다. '삿된 견해를 깨뜨림'은 사회적 역사적인 측면의 의미가 강하고, '정혜를 드러냄'은 선사상적인 입장이 잘 드러나고, '모든 근기를 정혜로서 포섭함'은 보조의 통합적인 사상이 엿보인다. 그런데 이점은 보조 자신이 쓴 『권수문』의 반포 목적과도 그대로 일치한다.

> 결사에 동참하는 이들에게 본말을 알리어 모든 논쟁을 쉬고 그 방편과 실제를 분별하여 대승법문을 바로 수행하는 길에서 벗어나지 않도록 하기 위함이다.[8]

이것은 결사에 동참하는 이들로 하여금, 다음의 세 가지를 알리고 있다.

첫째는 본말을 알리어 논쟁을 쉬게 한다.

---

8 앞의 책, p.28. '欲令入社修心之人 知其本末 息諸口諍 辨其權實 不枉用功 於大乘法門正修行路'

둘째는 방편과 실제를 분별한다.

셋째는 대승의 법문에서 벗어나지 않게 한다.

이것을 총과목(總科目)에서 나타난 대의와 서로 비교해 보면, 〈본말을 알리어 논쟁을 쉬고〉는 사견을 파한다는 '파사견(破邪見)'에, 〈그 방편과 실제를 분별하여〉는 정혜를 드러낸다는 '현정혜(顯定慧)'에, 〈대승법을 바로 수행하는 길에서 벗어나지 않도록 하기 위함이다〉는 모든 근기를 수용한다는 '섭제근기(攝諸根機)'에 해당된다. 이것으로 보면 『권수문』은 정혜 닦음을 권하는 선언문으로써 선종의 입장에서 대외적인 잘못된 견해에 대치함은 물론 모든 근기를 포섭하여 정혜결사의 대승법으로 인도하기 위해 저술되었음이 더욱 분명해진다. 그렇기 때문에 『권수문』에 나타난 정혜는 스스로를 이익되게 함이라는 개인의 문제와 타인을 이롭게 한다는 사회정화의 문제를 동시에 구현하는 통로가 될 수 있다고 여겨진다.

2 삿된 견해를 깨뜨림[破邪見]

-용수의 중도관과 비교하면서

『권수문』에서 '삿된 견해를 깨뜨리고, 정혜를 드러냄[破邪見顯定慧]'의 비판정신은 인도 용수(Nāgārjuna)의 비판철학과 유사한 점이 있다.

대승불교의 개창에 결정적인 역할을 한 용수는 『반야경』을 중심으로 하여 잘못된 견해를 파하고, 중도관(中道觀)을 제창했다. 용수가 말하는 잘못된 견해란, 하나는 설일체유부(說一切有部)의 주장으로 오온과 같은 법이 실재한다고 하는 있음에 대한 집착[執有]이고, 다른 하나는 반대로 모든 현상은 실재하지 않고, 일체는 허무(虛無)라는 대승 방광부(方廣部)의 주장을 말한다.[9]

용수는 유무의 두 관점에 의해서 세계를 이해하려는 이런 태도를 배격한다. 연기는 유나 무라고 실체시하여 파악할 수 없으며, 일체의 현상은 여러 인연의 화합이기 때문에 그것은 공이며, 가이며 중도라고 말한다.[10] 그러나 용수는 여기서 한 걸음 더 나아가 일체 만물의 자성이 공함을 드러내기 위하여 팔부중도(八不中道)를 설한다.

> 생(生)하지도 않고 멸(滅)하지도 않으며, 항상(恒常)하지도 않고 단멸(斷滅)하지도 않으며, 하나도 아니고 다름도 아니며, 오지도 가지도 않는다. 능히 인연을 설하여 모든 희론을 파하여 제일의제(第一義諦)를 설하신 부처님께 고개 숙여 예배합니다.[11]

생멸(生滅), 상단(常斷), 일이(一異), 내거(來去)의 네 가지의 상대적

---

9   方立天著, 『佛敎哲學槪論』, 劉英熙譯, (서울: 民族社, 1992), pp.207-208.

10 中論 「觀四諦品 第二十四」, (『大正藏』 30.33.中.), '衆因緣生法 我說卽是無 亦爲是假名 亦是中道義'

11 앞의 책, 「觀因緣品」 第一, (『大正藏』 30. p.1.中), '不生亦不滅 不常亦不斷 不一亦不異 不來亦不出 能說是因緣 善滅諸戱論 我稽首禮佛 諸說中第一'

인 개념[四對法]을 파하여 희론을 벗어난 자리가 바로 중도제일의제(中道第一義)임을 천명하고 있는 것이다.

그런데 용수의 중도사상을 헤겔적인 변증법으로 해석하는 경우가 종종 있다.[12] 정반대되는 양극단의 대립되는 두 관점이 부정되고, 모순이 지양(止揚)되면서 종합 통일되어 중도에 이른다는 식의 변증법적인 해석[13]은 용수의 중도(中道)를 단순히 논리적 이해의 수준으로 변질시킬 위험이 있다. 왜냐하면 용수의 중도관은 새로운 개념의 창출이 아니라 인식의 과정에서 일어나는 개념지를 부정하고 반야로써 실상을 파악하는 실제적인 직관적인 수행이기 때문이다. 그래서 중도는 '중도관'이다. 단순히 논리적인 과정으로만 파악한다면 용수의 진의뿐만 아니라 대승의 정신을 왜곡시킬 것이다.

용수의 여덟 개 중도는 두 가지의 기능을 함축하고 있다. 하나는 잘못된 견해나 집착을 부정하는 것이요, 다른 하나는 반야의 중도관을 드러내는 과정이다. 이런 철학적인 태도는 삿된 견해를 파하고[破邪見] 定慧를 드러내는[顯定慧] 보조의 정혜관과 매우 흡사하다.

용수의 부정은 삿된 견해를 깨뜨림[破邪見]에, 중도관은 정혜를 드러냄[顯定慧]에 대비된다. 『권수문』에서 〈본말을 알게 하여 모든 논쟁을 쉬게 한다〉고 한 점은 〈모든 희론을 멸하게 한다〉는 용수의 중도정신에 통하는 것이다. 여기에서는 부정하고 비판해야 할 대상인 '사견

---

12 方立天, 앞의 책, p.212.

13 T.R.V.Murti, the Centural Philosophy of Buddhism, (Londen george Allen and Unwin Ltd.1960), pp.230-231.

(邪見)'과 '희론(戲論)'을 명시한 것이다. 그리고 보조가 말한 〈방편과 실제를 분별하여〉는 용수의 진제와 속제에 해당된다. 진제(眞諦)는 개념이나 언어에 의해서 파악되거나 기술될 수 없기 때문에 속제(俗諦)라는 방편의 가르침을 세울 수밖에 없다. 만약 방편이 없다면 진제는 세계와의 관계를 맺을 수가 없고 설사 진제를 깨달았다고 하여도 사람들을 교화할 수가 없다. 그러나 방편과 실제는 구별되는 까닭에 제일의제인 대승법을 따라 수행해야 된다는 것이다. 곧 이점은 드러내야 할 대상인 대승의 '중도(中道)'와 '정혜(定慧)'를 명시한 것이다.

그러면 『권수문』의 대의를 선수행의 삿됨[邪]과 바름[正]을 분명하게 가리는 파사견(破邪見) 현정혜(顯定慧)라고 한다면 이것의 구체적인 내용은 무엇인가? 이점을 살펴보자.

정혜라는 관점에서 볼 때, 질문1의 정토업(淨土業)이나 질문2의 신통(神通)의 문제는 근본적인 수행에 있어서 사견이거나 지말적인 문제이다. 물론 염불, 독경 등의 정토업은 수행자가 지녀야할 일상의 덕목이요, 신통은 올바르게 수행만 잘한다면 점차 나타난다고 하여 긍정하는 측면도 있지만, 보조는 이런 수행은 불교의 본래적인 가르침으로부터 벗어나 있음을 분명하게 지적한다.

정토종은 말법시대는 부처님이 입멸한 해가 점점 멀어져서 근기가 어리석기 때문에 정혜의 수행보다는 아미타불의 칭명을 더 적절한 수행이라고 말한다. 부처님이 살아있는 정법시대, 부처님의 법과 비슷한 상법시대(像法時代), 그리고 부처님의 법이 소멸해 버린 말법시대(末法

時代)라는 이른바 3시 시대관이 체계화된 것은 중국불교, 특히 정토종에서였다.

중국의 정토종을 세운 초창기의 스님들은 말법시대의 도래를 강조하면서 정혜의 수행이 사라졌다고 단언한다. 정토종의 제2조인 도탁(道綽, 562-645)의 가르침을 정리한 가재(迦才)는 『정토론』에서 〈지금은 바로 말법시대이다. 여기에는 정혜가 없다. 오직 복을 닦으며 참회만 해야 한다.〉고 말하고 〈아미타불의 명호를 부르는 신앙이야말로 이시대에 적합한 불교〉라고 주장한다.[14]

정토교의 이런 주장의 이면에는 인간의 근기와 시대는 서로 상응해야 한다는 것과 아미타불의 정토가 서쪽으로 10만억 국토를 지나서극락세계가 실제로 있다는 소박한 믿음을 전제로 한다. 사실 말법시대란 단지 불교적인 사회인식의 한 형태인가 아니면 정말로 말법시대나 극락정토는 실제로 존재하는가 하는 형이상학적 문제는 논란의 여지가 있다. 이런 점에 대해서 보조는 『화엄론』을 인용하여 정토종의시대관과 철학적인 전제들을 비판한다.

시대가 바뀐다 해도 심성(心性)은 변하지 않는다. 법이 흥하고 쇠한다고 보는 이는 바로 삼승권학(三乘勸學)하는 이들의 견해이다. ...(중략)...부처가 있는 세계니 부처가 없는 세계니 말하지 않고 상법(像法)이니 말법(末法)이니 말하지 않는다. 부처님이 항상

----

14 迦才, 『淨土論』, (『大正藏』 47, pp.100-101.), '今時第四五百年餘 旣無定慧分', '今旣約 時若根 行者無定慧分者 唯須專念阿彌陀佛 求生淨土'

계시고 정법은 언제나 있다고 한 것은 요의경(了義經)이다. ...(중략)...사실에 있어 여래는 출현하지도 사라지지도 않으셨다. 도를 바로 아는 이는 다만 선정(禪定)과 지혜(智慧)의 두 문으로 마음을 다스린다. ...(중략)...생각이 있고 상이 있는 자아의 소견으로 도를 구한다면 끝내 이루지 못한다.[15]

　보조의 선종적인 관점에 따르면 말법시대라는 것은 사회적인 인식의 한 양식이지 그 자체로 존재하는 것은 아니다. 사회적인 인식이란 법을 보는 눈이 아니라, 〈생각이 있고 상이 있는 자아의 소견〉이다. 자아의 소견으로 보면 부처님이 있는 세계[有佛]와 부처님이 없는 세계[無佛]가 있을 수 있다. 그러나 이런 견해는 세계의 진실이 아니라 어리석은 근기의 존재를 전제로 한 방편적인 가르침이다.

　이상으로 정토종과 선종의 철학적인 토대는 매우 상반된 차이점을 보여 준다. 선종의 관점은 시대에 따른 방편적인 가르침이 아니라, 불교의 근원적인 가르침에 초점이 맞추어져 있다. 그렇기 때문에 정토교의 반론에 대해서 시대나 근기를 먼저 보지 말고 불교의 본래적인 가르침인 정혜로 복귀하자는 것이다. 왜냐하면 〈시대는 변할지라도 심성은 변하지 않으며, 법에는 흥하고 쇠함이 없기 때문〉이다. 정토나 신통에 대한 관심은 자신의 근본을 찾지 않고 말법이니 정법이니 겉

---

15 勸修定慧結社文, 앞의 책, p.8. '時雖變遷 心性不移 見法道之興衰者 是乃三乘權 學之見...(중략)...不說有佛無佛世界 不說像法末法 如是時分 常是佛興 常是正法 此乃了義經...(중략)...而實如來 無出無沒 唯道相應者 智境自會 不於如來出興滅 沒之見 但 自以定慧二門 以治心垢 情在相存 我見求道 終不相應.'

모양에 집착하여 서방정토의 극락세계를 밖에서 찾는 것으로, 지혜로운 이들로부터 웃음거리가 될 것이라고 파한다.[16]

정토종의 시대관이나 성품에 관한 철학적인 전제들은 인도적 맥락에서 보면 자아나 존재론적인 어떤 실체를 인정하는 유부(有部)의 입장에 서 있는 것처럼 보인다. 그것은 정법과 말법, 부처 있음과 부처 없음, 예토와 정토, 여래의 출몰, 공과 유, 단견과 상견 등의 견해들을 만들어 내는데, 이런 대립된 개념들은 생각이 있고 자아의 소견에서 비롯된다. 이것들은 용수의 팔부중도에서 볼 때, 파해야 할 희론들이다.

삼명(三明)이니 육통(六通)이니 하는 신통의 문제에 대해서도 보조는 같은 입장을 취한다. 마음을 알고 근본을 통달하여 그 뿌리를 얻기만 한다면 신통 같은 지엽적인 것은 걱정할 것이 아니라고 말한다. 그것은 성인의 본질이 아니라 말변사(末邊事)의 일이기 때문이다.

본래부터 신령스럽게 밝고 청정하여 번뇌의 성품이 공하니, 삿됨과 바름을 분명하게 가리어 자기의 소견을 고집하지 말고, 마음에 어지러운 생각이 없으면 혼미하지 않을 것이다. 단정적인 견해를 일으키지 말고 공에도 유에도 집착하지 말라.[17]

----

16 普照의 淨土觀은 절대적으로 淨土를 부정하지는 않는다. 『勸修文』 후반부에서 질문 7의 대답을 통하여 唯心淨土의 立場을 개진하고 있다. 다시 말하면 정토란 물리적인 세계로 실제로 존재한다고 보지 않고, 정토는 바로 마음임을 지적한 것이다.

17 앞의 책, p.10. '從本以來 靈明淸淨 煩惱性空 而復勤加決擇邪正 不執己見 心無亂想 不有昏滯 不生斷見 不着空有'

어떤 모양이나 신통에 대해서 염려하지 말고 먼저 자신의 마음을
비추어 보아 믿음과 앎이 바르고 참되어 영원하다거나 일시적이
라는 상견과 단견에 떨어지지 않고 정혜의 두 문에 의지하여 마음
의 때를 씻는 것이 옳다.[18]

  이렇게 『권수문』에서 나타난 삿된 견해를 깨뜨리는 파사견(破邪見)
의 정혜는 상견과 단견, 공과 유와 같은 이원논적인 잘못된 견해를 파
하는 중관학파적인 대치적(對治的) 성격이 무엇보다도 강하다. 본 연
구에서는 이러한 『권수문』에서 보여주는 정혜의 성격을 '방편대치의
(方便對治義)'라고 규정하고 싶다. 여기서 '방편'인 이유는 그 대치의
대상이 진제이기보다는 대사회적인 의미나 혹은 내적인 분별이기 때
문이다. 역사적인 측면에서 보았을 때, 당시의 혼란된 불교계의 부패
를 치유하고 스스로 종교의 자정능력을 회복하기 위해서 산림에 은둔
하는 결사운동(結社運動) 자체를 일종의 대사회적인 방편적 대안적이
고 치유적[對治] 성격을 가진 것으로 해석한다.
  그리고 사상적인 측면에서는 사회적인 여건과 맞물려서 발생되는
산란과 무기력한 혼침을 정혜로써 치유한다는 뜻이다. 이것은 선법을
이해하지 못하는 당시의 시대적인 상황아래서 선법을 선양하려는 의
도에서 비롯되었다고 할 수 있다. 그렇다고 결코 용수의 철학적인 입
장이 꼭 보조의 철학적인 배경과 같다고 볼 수는 없다. 『권수문』이나

----

18 앞의 책, p.11. '不愁相好及與神通 先須返照自心 信解眞正 不落斷常 依定慧二門 治
  諸心垢 卽其宜矣.'

『수심결』에 나타나는 정혜관에 관한 철학적인 토대를 고익진은「한국 불교철학의 원류와 전개」라는 논문에서[19], 분별망념을 부정하는 중관이나 변계소집(遍計所執)을 파하는 유식의 경계로 보는 경향이 있다고 말한다. 물론 〈단견과 상견, 공과 유에도 떨어지지 말고 정혜로써 마음을 다스리라〉든가, 〈번뇌의 성품이 공하다〉든가, 〈삿됨과 바름을 분명하게 가리어 자기의 소견을 고집하지 말고〉 등의 말에서 보여주는 태도는 분명하게 용수의 철학적인 입장을 반영하고 있다. 또한 본 연구 역시『권수문』에서 보여주는 정혜의 일차적인 의미는 선종의 입장에서 대외적인 잘못된 견해를 부정하고, 내적으로는 혼침이나 산란 등의 변계소집(遍計所執)을 파하는 치유적 의미[對治義]임을 주장한다.

그러나 '마음은 본래부터 신령스럽고 청정하다'든가 또 '시대는 바뀌어도 심성은 변하지 않는다'고 하는 견해들은 결코 용수적인 관점이 아니다. 이것은 후기 대승불교나 중국의 선종적 사유방식에 의해서 발전된 관점이다. 더 정확하게 말하면 '일심'이나 '심성'같은 철학적인 개념에 기초한 성종(性宗)의 입장이다.

----

19 高翊晋,「韓國 佛敎哲學의 源流와 展開」,『哲學思想의 諸問題』IV, (서울: 韓國精神文化硏究院, 1986.10.), p.116.

3 정혜를 드러냄[顯定慧]

샷된 견해를 깨뜨림의 파사견(破邪見)이 선문 '밖'의 샷된 견해를 파하는 것이라면, 질문 3, 4, 5, 6에 의해서 말해지는 정혜를 드러냄[顯定慧]은 선문의 '내부'에 현존하는 의심이나 비방을 해소하여 진정한 정혜의 이해를 드러내는 데 그 목적이 있다.

보조에 의하면 선을 배우는 이들이 빠지기 쉬운 두 가지의 병폐가 있다. 하나는 스스로 자만하여 무애자행(無碍自行)으로 진정한 수행을 등지는 경우다. 이들은 건혜(乾慧)가 많아 아는 것과 행동이 일치하지 않는 지해의 종도이다. 다른 하나는 돈오의 가르침을 모르고 스스로 물러나 경전의 방편설에 집착하여 삼아승지겁(三阿僧祇劫)을 기다리는 경우다. 이들은 수고롭게 점교의 가르침에 의지한 수행한다.

이런 스스로의 자만심이나 스스로 물러나서 기다리는 퇴굴심, 혹은 공에 빠져 고요함만을 지키고 앉아있는 치선(癡禪)이나 문자만을 찾는 광혜(狂慧)와 같은 선문 내부의 잘못된 믿음을 정혜로써 대치(對治)하면서 보조는 다음과 같이 말하고 있다.

> 심성은 원래 청정하고 번뇌는 공한 줄을 믿고 그 믿음에 의지하여
> 수행해야 하지 않는가...(중략)...스스로 겁약하여 삼아승지의 수행
> 절차가 차기를 바라는 사람은 성종(性宗)을 제대로 수행하는 사람

이 아니다. 이런 병이 있으면 당장 고치라.[20]

『권수문』의 진단에 의한다면 파사견의 대상인 자만심이나 퇴굴심, 치선이나 광혜의 원인은, 정혜를 드러내는 성종(性宗)의 가르침을 제대로 수행하지 않기 때문이라고 본다. 성종은 법의 형상을 인정하는 상종(相宗)이나 법의 공성을 강조하는 공종(空宗)에 비교하여 본래의 품성을 강조하는 선종의 일파를 가리킨다. 성종의 수행법을 〈마음이 본래 신령스럽고, 청정하며, 번뇌의 바탕이 공하다〉는 인간의 본성에 대한 자각에 기초한 수행이다. 종밀(780년 ~ 841년)에 의하면,『선원제전집도서』에서 이것을 여래청정선(如來淸淨禪) 혹은 최상승선(最上乘禪)이라고 부르고 있다.[21] 여기서 번뇌가 본래 공하다는 자각은 용수의 인도적 전통으로 이해되지만, 심성이 청정하다는 인식은 전혀 새로운 관점이다.

  인도불교, 특히 용수의 『중론』은 앞에서 고찰한 바와 같이 진리가 유무의 분별 양쪽을 모두 초월한 것임을 강조한다. 그럼으로써 인식론적인 논리성 규명에 중점을 두는 경향이 있다. 그러나 이것이 중기 대승불교를 거쳐서 여래장과 같은 새로운 사상이 전개되면서 논리적인 인식보다는 직관적인 돈오와 현실적인 실천의 주체로서 마음이 강조된다. 이것은 단순한 사유방식의 차이가 아니라 사상 그 자체의 변

----

20 앞의 책, p.13. '何如 先須信解心性本淨 煩惱本空 而不妨依解薰修者也.' p.17. '又自生怯弱 望滿於三祇行位者 非性宗得意修心者也 如有此病請從今改.'

21 宗密, 앞의 책, p.38.

화였다.[22] 왜냐하면 변화하는 현상 속에 변하지 않는 근원적인 본성의 존재를 전제하고 있기 때문이다.[23] 용수는 생멸(生滅), 상단(常斷), 일이(一異), 거래(去來)라는 현상적인 개념을 부정하여 중도를 드러냈지만, 이 중도를 '본지'나 '심체'라는 형이상학적 실재로 간주하지는 않았다.[24] 오히려 반대로 변하는 현상적인 연기의 실상을 그대로 파악하고자 했다. 즉 용수는 개념에 의해서 파악되는 절대론이나 실체론을 결코 인정하지 않았다. 연기와 공성은 잘못된 집착이나 오류를 제거하는 기술적인 용어이지 그 자체로 어떤 실체를 가지는 것은 아니다.[25]

그러나 종교적인 실천이 강조되는 선종의 입장에서 보면 인식의 논리성을 규명하는 일에만 몰두하는 것 같아 불만족스러운 측면도 있는 것은 사실이다. 직관적인 돈오나 현실적인 실천의 주체는 현상 속에 머무르고 있으면서도 동시에 현상으로부터 초월된 것이 아니면 안 된다. 그래서 생멸(生滅), 상단(常斷), 일이(一異), 거래(去來)라는 현상을 부정하면서도, 동시에 이 상대적인 현상들을 수용하는 새로운 사상이

----

22 柳田聖山, 앞의 책, p.82.

23 松本史朗,『緣起と空』(如來藏思想의 批判), (東京: 大藏出版株式會社,1998)에서 참다운 佛敎는 緣起와 空의 哲學으로 代辯된다. 如來藏思想은 常住하는 形而上學的인 實體를 前提하고 있기 때문에 불교 내에 흘러들어온 異敎的인 性格이라고 비판한다.

24 그러나 中道도 中國에 전래되면서 변화를 겪게 된다. 吉藏은 「二諦義」, (『大正藏』45. p.108.中)에서 眞諦와 俗諦는 不二의 關係에 있으며, 中道는 이 不二의 體라고 말한다. '今明卽二 非眞非俗爲二諦體 眞俗爲用 ...(중략)...不二爲體 二爲用 ...(중략)...故以中道 不二爲體也.'

25 Kalupahana, NAGARJUNA - The Philosophy of The Middle Way, (1986, satate University of New York), p.140.

요청된다. 만약 일체의 현상이 없다면 현실이 허무의 극단에 빠지고, 반대로 현상들을 맹목으로 긍정한다면 존재에 집착하는 집유(執有)의 극단에 떨어질 것이다. 이들 양자 모두를 '부정하는 것'이 아닌 양자를 모두 포괄하는 대 '긍정'의 사상이 필요한데, 바로 이것이 '심성(心性)' 이고 '진심(眞心)'이고 '심체(心體)'이다. 『중론』에서 말하는 중도의 개념은 논리적이고, 부정의 방식이다. 보다 구체적이고 살아있는 실천의 주체적인 사상이지 않으면 안 된다. 선종을 발전시킨 사람들은 이 실천적인 사상의 단초를 대승경전인 『능가경(楞伽經)』의 여래장(如來藏), 『화엄경』의 법계연기설(法界緣起說), 『기신론』의 일심(一心)에서 발견했다고 말할 수 있다.

이점은 보조의 경우도 예외는 아닌 듯싶다. 『권수문』에서 인용한 경전과 논서 및 어록 등이 총 35권에 이른다. 그런데 대부분의 책들은 한두 번 정도밖에 인용하고 있지 않지만, 『화엄론』과 『기신론』은 각각 9회와 6회의 인용을 하고 있다.[26] 이점은 『권수문』뿐만 아니라, 『수심결』이나 『법집별행록절요병립사기』에서도 마찬가지이다. 『수심결』에서는 총 21회의 인용을 하고 있는데 화엄계통(경과 론)이 3회, 여래장사상을 보여주는 『원각경』과 『능엄경』이 각각 1회씩 인용되어 있다. 『법집별행록절요병립사기』에서는 총 109회 정도로 인용라고 있다. 이가운데 화엄계통이 18회, 『기신론』이 3회, 『능가경』이 3회 인용되고 있다.

----

26 李鍾益, 『韓國佛敎の硏究』, (東京: 圖書刊行會, 昭和55), p.68.

이것은 보조의 철학적인 입장이 〈심성이 본래 깨끗하고 번뇌가 본래 공하다〉고 하는 '심성'이라는 개념에 기초하고 있음을 시사한다. 사실 보조는 스스로 치선(癡禪)과 광혜(狂慧)의 병통은 〈성종을 위배하고[違背性宗]〉, 〈성종의 가르침을 따르지 않기 때문[非性宗得意修心]〉이라고 말한다. 다시 말하면 고요함만 지키는 어리석은 선[癡禪]과 문자에 집착하는 미친 지혜[狂慧]는 번뇌가 보내 공하고 심성이 본래 청정하다는 성종의 가르침에 의해서 치유된다는 것을 말한다. 마찬가지로 『권수문』 서문에서도 〈미혹과 깨달음[迷悟]는 비록 다르지만 요지는 일심(一心)에 달린 것이므로 마음을 떠나 부처를 찾는 것은 옳지 않다〉고 하여 『기신론』의 일심사상을 표방하고 있으며, 정혜결사의 구체적인 실천항목에도 〈인연을 따라, 성품을 기르자[隨緣養性]〉고 역설한다.[27]

보조가 자주 인용한 『화엄경』이나 『능가경』, 『화엄론』과 『기신론』 등은 한결같이 성종의 입장을 대변하는 경전이고 논서들이다. 여기서 말하는 여래장, 법계연기설, 일심 등의 용어는 동일하게 성품 혹은 자성을 의미한다고 볼 수 있다. 『기신론』에 의하면 심성은 〈심진여(心眞如)가 곧 일법계대총상법문체(一法界大總相法門體)이기 때문에 불생불멸이고, 일심은 곧 진여라고 이름 한다.〉[28] 그런데 『기신론』에서 말한 이 '일법계대총상법문'은 『화엄경』에서 설한 '법계연기설'에 통하며,

---

27 勸修定慧結社文, 앞의 책, p.7.

28 大乘起信論, 『大正藏』 32, 576.上. '心眞如者 卽是一法界大總相法門體 心性不生不滅'

『능가경』에서는 여래장은 불생불멸이며 자성의 청정한 형상[淸淨相]임을 설하고 있다.[29] 이것은 곧 『기신론』의 일심의 진여에 해당되는 것이고, 『능가경』이 보여주는 사상적 특징은 아리아식과 여래장을 동일시하는 것과, 여래장연기설을 설한다는 것인데, 『기신론』은 바로 이러한 『능가경』의 관점을 계승하고 있다. 이것은 학계의 일반화된 견해이다.[30] 보조의 경우도 이런 점에서 같은 맥락을 유지하고 있고, 임종을 얼마 앞둔 『법집별행록절요병입사기』에서도 바로 〈일심은 여래장〉이라고 설하는 『능가경』을 인용하고 있다.[31]

보조의 전반적인 저술에서 나타난 일심진여(一心眞如), 혹은 여래장(如來藏), 혹은 성품(性品)에 기초한 철학적인 태도를 본 연구에서는 '성(性)의 철학'이라고 부르고자 한다. 『권수문』에서 파사견의 대상인 생멸, 상단, 일이, 래거와 같은 삿된 견해가 부정되는 것은 바로 성종의 입장인 심진여문에서 삿된 집착인 상종의 견해를 파하는 것이다. 〈마음의 생멸상은 여래장에 의지한 까닭에 생멸심이 있는 것이다. 이 여래장은 생각을 벗어난 마음의 본체[離念心體]〉이다.[32] 이것은 〈본래부터 청정하고 번뇌가 공하고 신령스러운〉 자리다. 그래서 만 가지

---

29 「入楞伽經」卷第 7, (『大正藏』16, p.556,下). '如來藏識不生不滅' p.557,上. '如來藏是淸淨相'

30 朴太源, 『大乘起信論思想硏究』, (서울: 民族社,1994), p.60.

31 法集別行錄節要幷立私記, 앞의 책, (서울:普照思想硏究院,1989), p.148. '一心者 名如來藏'

32 大乘起信論, 앞의 책, p.576.中. '心生滅者 依如來藏 故有生滅心 ...(중략)... 此識二種類 一者覺義 二者不覺義 所言覺義者 謂心體離念'

의 현상을 다 수용한다. 이렇게 일단 통찰이 되면, 이제는『중론』에서 거명되는 생멸, 상단, 일이, 래거라는 현상인 상을 절대적으로 부정하지만은 않는다. 그것은 바로 성품의 작용이 다름 아니다. 그래서 성과 상, 본체와 작용, 수연과 불변은 함께 있어도 결코 방해롭지 않다.

> 심성이 오묘하고 자재해서 만 가지의 법을 포용하고 만법은 자성을 떠나지 않아 성과 상, 본체와 작용, 수연과 불변이 같이 해도 걸림이 없다.[33]

그렇기 때문에 성종의 입장에 서면, 용수의 철학에서 한걸음 나아가서 만법을 그대로 심성의 작용으로 포용한다. 이제는 대치(對治)하는 잘못된 견해가 없다. 이제 그것은 성의 '작용'이 된다. 즉『권수문』에서 보여주는 현정혜의 대상은 마음의 근원적인 성품인 것이다. 그러면『권수문』에서 보이는 '성의 철학'은 구체적으로 어떤 내용인가? 이 점에 대해서『권수문』에서 보조가 이해하고 있는 성종의 사상적인 성격은 다음과 같이 세 가지로 정리된다.

첫째, 성종의 가르침은 방편설이 아니라, 궁극적 가르침[了義說]이다. 이 가르침에 의지하여 수행한다면 부처님의 지혜에 부합한다는 것이다. 용수의 용어로 표현하면 성종의 가르침은 진제에 속하지 속제가 아니다. 속제의 가르침은 개념적인 현상이다. 즉 방편설인 것이

---

33 앞의 책, p.19. '以心性靈妙自在 含容萬種法 萬法未嘗離自性 如轉如不轉 性相體用 隨緣不變'

다. 보조는 『권수문』에서 방편[權]과 실재[實]을 함께 베풀어 놓고 방편의 가르침에서 실재에로 나아가길 권한다. 이것은 부처님의 지혜에 통하는 것이다. 그래서 보조는 다음과 같이 말한다.

> 방편설에 집착하여 퇴굴심을 내어 수고롭게 점차의 행을 닦는다. 이는 성종에 어긋나 말세중생을 위한 부처님의 은밀한 가르침[圓覺經의 妙旨]을 믿지 않고 먼저 들은 것만을 고집한다.[34]

둘째, 성종은 점차의 수행에 의해서 구현되지 않고 돈오의 직지문(直指門)이다. 진제는 언어나 개념적인 이해에 의해 도달할 수 없다. 그것은 돈오의 반야에 의해서 실현된다. 결코 수고롭게 점차적인 수행을 닦지 않는다. 성, 진심, 심체는 논리적 대상이 아니라 단박 깨달아야 하는 구체적인 실천의 주체로 해석된다. 점수에 의해서는 도달할 수 없는 입장이다.

> 만약 생각에서 벗어난 마음의 바탕을 얻으면 부처님의 지혜와 서로 부합할텐데 어찌 삼현 십지 등 점차의 법문을 들추어 말하겠는가.[35]

셋째, 성종은 법계와 일심을 분리하여 보지 않는다. 양자는 같은 뿌

---

34 앞의 책, p.12. '有執於聖教法相方便之說 自生退屈 勞修漸行 違背性宗 不信有如 來 爲末世衆生 開秘密之訣 固執先聞 擔麻棄金也'

35 앞의 책, p.17. '若善得離念心體 卽與佛智相契 何論三賢十聖 漸次法門'

리이다. 인식의 대상인 법계와 인식의 주체인 마음이 별개가 아니라 동일한 내용이다. 그래서 법계의 성상은 마음의 체용과 동일하다. 승조가 『조론』에서 '유무는 평등하여 둘이 아니다. 왜냐하면 천지는 나와 근원이 같고 만물은 나와 하나이기 때문이다.'[36] 라고 말할 때, 이미 용수의 유무, 생멸, 일이, 래거는 부정의 대상이 아니라, 동시에 그것은 부정의 주체임을 선언한 것이다. 곧 부정의 대상을 본체의 작용으로 수용하고 있는 것이다.

> 요즘 말만 익히는 사람들이 입으로는 법계의 걸림 없는 연기를 널리 말하면서도 자기 마음 속 덕의 작용을 돌이켜 보지 못한다. 법계의 성과 상이 바로 자기 마음의 본체와 작용임을 보지 못한다.[37]

위에서 첫 번째는 성종의 철학적인 입장을 대변하는 것으로 방편적인 경전[不了義經]이 아니라, 궁극적인 가르침[了義經]인 대승경전에 의지함을, 두 번째는 그 수행방법으로 점문보다는 돈오문임을 밝히고 있고, 세 번째는 증득의 내용으로 자신의 마음이 곧 법계가 된다는 것이다. 곧 마음의 체용은 법계의 성상이다. 그리고 나아가서 보조는 이러한 성종의 사상적 특질을 정혜에 관련시켜 다음과 같이 말한다.

성종의 돈오에 의지하여 수행할 때, 비로소 마음이 항상 적적하고

---

36 僧肇, 「肇論」, (『大正藏』 45.159.中), '所以天地與我同根 萬物與我一體'
37 앞의 책, p.19. '近來 有習言說者 雖廣談法界無碍緣起 初不返觀自心之德用'

성성함을 바로 안다[38]

    결국 이것은 『권수문』에서 보여주는 '수행의 잘못된 견해를 파하고 [破邪見] 마음의 근원적인 성품을 드러내는[顯定慧]' 정혜관은, 돈오이고 궁극의 가르침이며 법계와 일심이 하나인 성종의 입장에 그 사상적인 기반을 두고 있다고 말할 수 있다.

---

38 앞의 책, p.17. '今時修心人 具佛種性 依頓宗直指之門 發決定信解者 直了自心常寂 直然惺惺'

IV

『수심결』의
자성정혜(自性定慧)

『수심결』의 자성정혜(自性定慧)

『권수문』의 기본적인 전략은 '성종'이라는 입장에서 삿된 견해들[邪見]을 파하고 정혜를 드러냄[現定慧]이라고 말할 수 있다. 이것은 정토나 신통을 구하기보다는 인간의 본성에 기초한 정혜 닦음을 권하고 실천하자는 『권수문』의 성격을 잘 드러낸다. 그런데 보조는 성품에 관한 논의는 『수심결』에서 본격적으로 보여준다. 이런 점에서 진정한 성종의 수행을 대변하는 저술은 『수심결』이라고 할 수 있다. 『권수문』이 당시의 혼탁한 불교계의 상황, 선에 대한 몰이해, 특히 정토종의 반론에 대하여 '정혜닦음'을 권하고 있기 때문에, 대외적인 대치의 의미가 강한 반면에, 『수심결』은 정혜닦음에 마음을 발한 선문의 수행자들을 위한 지침서이다. 말하자면 『권수문』이 대외용이라면 『수심결』은 대내용이다. 그래서 『수심결』은 『권수문』에 비교해서 심성에 대한 증득의 문제인 견성과 정혜의 문제를 보다 일관된 입장에서 깊이 논의하고 있다.

1 견성과 정혜

1) 공적영지

선종의 핵심된 키워드는 『육조단경』이후로 '견성(見性)'이다. 견성의 문제는 『수심결』에서도 중요한 이슈이다. 견성의 의미는 성을 본다는 것인데, 즉 '보는' 것은 주체의 작용이요, '성'은 보는 대상이 된다. 보는 대상인 성은 『권수문』에서 논의한 바와 같이, 성종의 입장으로서 마음의 본체로서 본래 깨끗하고 번뇌가 공한 '자리'라는 것이다. 그런데 『수심결』에서는 『권수문』에서 말한 깨끗함과 공함이란 '성'의 특질에다, '신령스러움[靈]'과 깨어있음의 '앎[知]'라는 덕성을 첨가한다.

> 모든 법이 다 공한 곳에 신령스런 앎이 어둡지 않다. …(중략)…이것이 바로 그대의 공적영지(空寂靈知)하는 청정한 마음의 실체이다. 이 청정하고 공적한 마음은 삼세의 모든 불의 깨끗하고 밝은 마음이며, 또한 중생의 본원각성(本源覺性)이다.[1]

마음의 본래성품(本來性品)은 단순히 청정하고 번뇌가 공할 뿐만이 아니라, 이제는 신령스런 앎[靈知]이라는 지혜가 본래 갖추어져 있고 [本知], 이것은 삼세제불의 마음이고 중생의 본원각성이 된다. 이런 보

-----

[1] 『修心訣』, 앞의 책, pp.36-37. '諸法皆空之處 靈知不昧 不同無情 性自神解 此是 汝 空寂靈知淸淨心體 而此淸淨空寂之心 是三世諸佛 勝淨明心 亦是衆生本源覺性'

조의 견해는 『육조단경』과 규봉종밀의 영향이라고 생각된다. 돈오에 관하여 보조는 다음과 같이 말한다.

> 범부가 미할 때 사대를 몸으로 삼고 망상을 마음으로 삼아 자기의 성품이 진짜 법신임을 알지 못하고 자기의 영지가 진불임을 알지 못하고 마음 밖에서 불을 찾다가 홀연히 선지식의 가르침을 받아 일념회광하여 견자본성(見自本性)한다. 이 성품은 원래 번뇌가 없고 무루의 지성을 갖추고 있어 제불과 다르지 않는 까닭에 돈오(頓悟)라 한다.[2]

견성은 자기의 성품이 참다운 법신이고 영지가 진불임을 〈선지식의 도움〉과 〈일념회광에 의해서〉 보는 것이다. 곧 〈본래 번뇌가 없고 물들지 않는 성품을 본다〉는 것이다. 이것은 〈견성이 불도를 성취한다〉는 의미로 철저하게 『육조단경』의 견성에 의한 성불이라는 사유방식이다. 『육조단경』에 의하면, 〈깨닫지 못한다면 부처조차도 중생이요, 중생이라 할지라도 깨닫는 순간 부처이다. 그러므로 마음을 알아 자성을 본다면 스스로 불도를 성취할 수 있다〉[3]고 한다. 이것은 깨닫지 못하면 부처조차도 중생이라는 '깨달음'을 중시하는 『육조단경』의 선사상적 특징을 극명하게 보여주고 있다.

보조가 심성의 본래적인 본질을 공적영지(空寂靈知), 혹은 본지(本

----

2 앞의 책, p.34.

3 敦煌本「六祖壇經」, (『大正藏』48. 340.中), '故知不悟 卽佛是衆生 一念若悟 卽衆生是佛 故知一切萬法 盡在自身心 中...(중략)...識心見性 自成佛道 卽時豁然 還得 本心.'

知)라고 해석하는 것은 규봉종밀의 '본지사상'에 영향을 받고 있다. 이런 사상은 『권수문』에서는 발견되지 않고, 『수심결』에서 발견된다. 이것의 근원은 종밀의 『선원제전집도서』인데, 그것은 다음과 같다.

> 망념은 본래 고요하고 진경(塵境)은 본래 공하다. 공적(空寂)의 마음은 영지(靈知)하여 어둡지 않다. 곧 이것이 공적의 지(知)이다. 이것이 너의 참된 성품이며 미혹이거나 깨달음에 마음은 스스로 본지가 있어 인연을 따라 생하지 않고 경계로 인하여 일어나지 않는다. 지일자(知一字)가 중묘(衆妙)의 문이다.[4]

이것은 『수심결』의 공적영지(空寂靈知) 사상이 종밀의 『선원제전집도서』에서 유래되고 있음을 그대로 보여주고 있다. 위에서 보듯이 종밀은 견성의 의미를 근원적인 앎, 본지(本知)로 해석한다.[5] 인연이나 경계를 따르지 않는 마음의 본래적인 특징을 본지로 이해하는 것은 성품의 작용적인 측면보다 바탕[體的]의 측면이 강조되고 있는 것이다. 『권수문』의 '심성이 본래 깨끗하고[心性本淨], 번뇌가 본래 공함[煩惱本空]'이라는 '일심진여(一心眞如)'가 『수심결』에 오면서는 '지'가 강조된 '공적영지'라는 용어로 변경되는 것은 종밀의 사상적 영향이 더

----

4 『禪源諸詮集都序』, (『大正藏』48. 403.上), '妄念本寂 盡境本空 空寂之心 靈知不昧 卽此空寂之知 是汝眞性 任迷任悟 心本自知 不籍緣生 不因境起 知之一字 衆妙之門'

5 본디 知의 哲學은 荷澤神會가 주장하는 바다. 宗密은 이것을 계승하여 『禪源諸詮集都序』, 『禪門師資承襲圖』, 『圓覺經大疏抄』 등에서 거듭 강조하고 있다. 鎌田茂雄, 『宗密敎學の思想史的硏究』, (東京大學, 東洋文化硏究所, 1975), pp.370-375.

욱 깊어졌음을 시사해 준다.

그렇다면 '견성'과 '본지'는 어떻게 서로 연결되는가?

철학 사상적인 측면에서 보면, 『권수문』이 정토나 신통과 구분하면서 '성품'의 이론적 특질을 밝히고 있다면, 『수심결』의 핵심된 과제는 '어떻게 마음의 성품을 보는가'라는 실천방법의 문제에 초점을 둔다. 『육조단경』에서는 '견성성불'을 말하고, 『수심결』에서는 '일념회광(一念廻光) 견자본성(見自本性)'을 말한다. 『수심결』의 '見'은 단순한 견이 아니라 보다 구체화되어 나타난, 일념회광의 견이다. 그런데 견을 어떻게 해석하든지 간에 그것은 '性'을 그 대상으로 한다. 이렇게 견성을 문법적인 맥락에서 보면, '見'과 '性'은 능소(能所)의 관계에 있기 때문에, 서로는 분리되고 별개의 사실로 받아들여지는데, 이것은 '見'과 '性'의 관계설정의 문제를 제기한다.

'見'은 그대로 곧 '性'인가? 아니면 '見'의 배후에는 '性'이라는 또다른 무엇이 있는가? 이점에 관하여 보조는 질문과 대답을 통해서 상론하고 있다. 여기서 관련된 전거를 찾아보면 아래와 같다.

1. 그대의 몸 안에 있는데도 그대 자신이 보지 못할 뿐이다. 그대가 배고프고 목마른 줄 알며 춥고 더운 줄 알며 성내고 기뻐하는 것이 도대체 무엇인가...(중략)...보고 듣고 깨닫고 아는 그것이 바로 그대의 불성(佛性)이다.[6]

----

6 『修心訣』, 앞의 책, p.32. '在汝身中 汝自不見 汝於十二時中 知飢知渴 知寒知熱 或嗔或喜 竟是何物...(중략)...能見聞覺知者 必是汝佛性'

2. 어떤 것이 부처입니까? 견성한 이가 부처입니다. 스님께서는 견성했습니까? 나는 견성했습니다. 그 성품은 어디에 있습니까? 성품은 작용하는데 있습니다. 왕이 작용한다면 그것 아닌 것이 없지만 작용하지 않는다면 그 바탕[體]도 보기 어려울 것입니다.[7]

3. 무슨 방편을 써야 한 생각에 문득 자성(自性)을 깨닫겠습니까? 다만 그대의 마음이다. 이 밖에 다른 방편은 없다. 자기의 영지(靈知)도 이미 자기의 마음인데 무엇을 다시 알려하는가? 알려하면 얻을 수 없고 알지 못한 줄 알면 이것이 곧 견성(見性)이다.[8]

4. 어떤 것이 공적영지(空寂靈知)의 마음입니까? 그대가 지금 묻고 있는 그것이 그대의 공적영지의 마음이다. 아침부터 저녁에 이르기까지 보고 듣고 웃고 말하고 성내고 기뻐하고 옳고 그른 온갖 행위를 무엇이 그렇게 하는지 어디 한번 말해 보아라.[9]

5. 그대는 지금 까마귀 소리를 듣는가 그 듣는 성품(性品)을 돌이켜 들어보라. 이 속에서 어떤 소리도 어떤 분별도 얻을 수 없습니다. 그러면 허공이 아니겠는가? 본래 공하지 않아 환히 밝아 어둡지 않습니다. 그러면 어떤 것이 공하지 않은 실체인가? 모

---

7 앞의 책, p.32. '何者是佛 見性是佛 師見性否 我見佛性 性在何處 性在作用...(중략)...王若作用 無有不是 王若不用 體亦難見'

8 앞의 책, p.34. '作何方便 一念廻機 便悟自性 只汝自心 更作什마方便...(중략)...自己靈知 既是自心 何更求會 若欲求會 便會不得 但知不會 是即見性'

9 앞의 책, p.35. '何者 是空寂靈知之心耶...(중략)...從朝至暮十二時中 或聞或見 或笑或語 或嗔或喜 或是或非 種種施爲運轉 且道 畢竟 是誰 能伊마運轉施爲耶'

양이 없으므로 표현할 수 없습니다. 이것이 바로 부처와 조사의
생명이니 다시 의심하지 말라.[10]

이상 견성과 관련된 『수심결』인용문이다. 요점은 전술한 바와 같이
견성성불의 심성이란 곧 공적영지이며, 성품을 보는 것은 점차적인
방법이 아니라 돈오라는 점이다.

인용문 1, 2에 의하면 불성이란 견문각지 '그것'이며, 작용하는 견문
각지가 곧 본체이다. 눈에 있으면 보고, 귀에 있으면 듣고, 코에 있으
면 냄새 맡고, 입에 있으면 말하며, 손에 있으면 쥐고, 발에 있으면 걸
어 다닌다. 바로 이렇게 작용하는 것이 성품이다. 성품은 작용을 떠나
지 않는다. 그래서 부처와 조금도 다름없이 본래 구족되었다.

견문각지는 곧 성이고 성은 곧 견문각지의 작용이다. 체(體)와 용
(用)은 서로 분리될 수 없기 때문에 〈지금 묻고 있는 바로 그대의 마음〉
이다. 작용의 견문각지와 본체인 심성은 동일한 현상이기에, 인용문 3
에서 처럼 '이것'을 인식하는 데는 달리 어떤 방편이 없다. 이것은 즉
각적인 깨달음, 오직 돈오일 뿐이다. 양자는 상즉(相卽)의 관계로 점차
나 단계가 없다. 만약 '見'과 '性'이 별개라고 한다면, 보는 주체와 보
는 대상이 다르므로 그곳에는 점차가 있고 단계가 있다. 그러나 돈오
의 입장에 서면 작용은 바탕을 떠나지 않고 바탕은 작용을 떠나지 않

---

10 앞의 책, p.36. '汝還聞鴉鳴之聲마 汝返聞汝聞性 還有許多聲마 到這裏 一切聲 一切
分別 俱不可得...(중략)...旣不可得 當伊마時 莫是虛空마 元來不空 明明不昧 作마生
是不空之體 亦無相貌 言之不可及 此是諸佛諸祖壽命 更莫疑也.'

는다. 곧 견은 곧 성이고 성은 곧 견인 관계이다.[11] 이것을 공식화하면 다음과 같이 쓸 수 있겠다.

$$見 = 性$$

이것의 의미는 보는 주체의 작용과 보는 대상은 하나라는 것이다. 곧 육근에 작용하는 그곳에서, 곧장 성을 보는 견성의 원리를 제공하고 있다. 일반적으로 중국 선종사에서 견즉성(見卽性)이 주류를 이룬 것은 마조의 홍주종 즉심시불(卽心是佛)[12] 이후라고 할 수 있다.

'마조 이전의 주장에서는 즉심시불이나, 견문각지라고 말해도 전부 견문각지의 성을 불로 하며, 마조 이후에는 견문각지의 마음이 곧 불인 것으로 견문각지의 마음 이외에 상주하는 성을 남기지 않는다.'[13] 그러나 견즉성(見卽性)이라는 견해에는 조심해야 할 점이 있다. 마조계의 즉심시불은 일상의 언설과 동작 전부를 말한다.[14] 그런데 만약 말

---

11 韓基斗,「近代 韓國佛敎에 있어서 壇經의 受用과 그 援用」,『六祖壇經의 世界』, 金知見編,(서울: 民族社, 1989), p.445.

12 여기서 卽心是佛을 馬祖가 최초로 사용하였다는 의미는 아니다. 단지 達磨禪系統에서 馬祖에 의해 널리 유포되었다는 의미이다. 이미 이 思想은『華嚴經』에서 비롯된 것으로 中國의 梁代 寶誌가『大乘讚』에서 "不解卽心是佛 眞似騎驢覓驢"라고 하였고, 傅大士는『心王銘』에서 "知佛在內 不向外心 卽心是佛 卽佛卽心"이라고 설하고 있다.(禪學大辭典, 駒澤大學內禪學大辭典編纂所, 大修館書店, 昭和53, p.764.)

13 鄭性本,『六祖壇經의 成立과 諸問題』, 앞의 책, pp.277-288.

14 앞의 책, p.283.

하고 성내고 기뻐하고 슬퍼하고 옳고 그른 행위의 전체작용(全體作用)을 그대로 불성이라고 한다면, 사람을 함부로 죽이는 일도 불성의 작용이 되지 않으면 안 되는 심각한 윤리적인 모순에 빠진다. 물론 마조(709-788)는 이렇게 주장을 하지 않았고, 후대에 의해서 왜곡된 비판이다.[15] 그렇긴 하지만 오해의 소지는 있다. 이런 오해를 해결하는 방법이 없을까?

보조의 입장에서 보면, 그것은 바로 공적영지이다. 작용은 개별적인 대상으로서의 분별된 상(相)이 아니라, 견문각지로 작용하는 공적영지(空寂靈知)의 마음이지 않으면 안 된다. 다시 말하면 공적영지가 바탕 되지 않는 분별은 미혹인 것이다. 그래서 작용하는 마음이 그대로 부처인 것이 아니라, 공적영지의 마음이 부처인 것이다. 이런 주장은 『마조어록』과 다른 주장이 아니다. 텅 비어있고, 고요하면서도 신령스러운 지혜는 마조가 말하는 물들지 않는 작용하는 마음인 것이다.

이것이 보조의 돈오관(頓悟觀)이고,[16] 바로 창평의 청원사에서 『육조

----

15 인경(김형록, 2014), 「'평상심시도'에 대한 종밀의 비판에 대한 비판: 『강서마조도일선사어록』을 중심으로'」, 『불교학연구』41. 여기에 따르면, 마조에 대한 비판은 종밀 (780-841)에게서 강력하게 나타나고, 나중에 송나라 주희(1130-1200)의 선불교 비판에도 연결되고, 또한 고려 말 조선 초기의 유학자들의 불교비판의 핵심된 논리가 된 부분이다. 하지만 이런 비판은 현존하는 『마조어록』을 정밀하게 검토하여 볼 때, 정당한 비판이 아니다. 마조계열에서 마음이 곧 그대로 부처라고 할 때, 모든 마음상태를 다 긍정한 것이 아니다. 물들지 않는 마음이 그대로 부처임을 주장한 것이다.

16 修心訣, 앞의 책, pp.34-35. '自性是眞法身 自己靈知是眞佛...(중략)...一念廻光 見自本性...(중략)...卽此空寂靈知心 是汝本來面目 亦是三世諸佛'

단경』을 보다가 깨달음을 얻은 소식이다.[17]

> 진여는 생각의 體요 생각은 진여의 作用이다. 진여자성이 생각을
> 일으켜 육근이 비록 견문각지하나 만상에 물들지 않고 진성은 항
> 상 자재한다.[18]

이것은 『육조단경』의 성기설(性起說)을 보여주는 대목이다. 필자가
이것을 성기설이라고 부르는 것[19]은 성품이 한 생각을 일으키나 물들
지 않는 특징을 드러내주고 있기 때문이다. 진여는 체성이고, 생각은
작용이다. 진여는 견문각지의 체성(體性)이고 견문각지는 그대로 진여
의 작용이 된다. 그러나 이제 〈견문각지는 그대로 성〉이 아니라, 〈견문
각지하나 물들지 않는 항상 자재하는 성〉이다. 그래야 종밀과 유학자
들의 비판을 방어할 수가 있다.

위에서 인용문 4, 5는 바로 이점을 잘 보여주고 있다. 일상의 집착
된 분별하는 마음을 그대로 곧 불성이라고 할 수 없다. 성품 그 자체
즉, 작용은 까마귀 소리라는 어떤 분별된 개념이나 형상이 없다. 이것
은 습관화되고 개념화된 일상의 물든 인식이 아니라, 바로 듣는 성품
을 비추어보는 '일념회광'에 기반한 들음[聞]으로 이해된다. 곧 듣는

----

17 『普照國師碑銘』, 앞의 책, p.419.

18 敦煌本 「六祖壇經」, (『大正藏』48.338.下) '眞如是念之體 念是眞如之用 性起念 雖卽見
聞覺知 不染萬境而尚自在'

19 인경(1999), 『몽산덕이와 고려후기 간화선 연구』(동국대학교 박사학위논문)

작용은 동시에 공적영지의 마음이다. 반대로 만약 이 공적영지(空寂靈知)가 결여된다면 까마귀 소리는 세속적인 의미로 분별될 것이다. 까마귀 소리를 듣기 위해서는 소리에 민감하게 반응할 수 있는 '바른 집중[空寂]'과 까마귀와 참새소리를 구별할 수 있는 물들지 않는 '신령한 분별력[靈知]'이 있어야 한다. 비유하자면 마치 냇물이 맑기 때문에 온갖 사물을 비추나 흔적을 남기지 않는 것과 같다. 이때야 비로소 성품은 '견문각지'하면서도 만상에 물들지 않는다.

필자는 『수심결』이 『육조단경』의 성기설을 계승하고 있다고 본다. 『육조단경』의 '見'은 '일념회광'으로, '性'은 '공적영지'로 보다 구체화하여 파악하기 때문에, 마조계의 '見=性'적 이해는 다음과 같이 재해석된다.

一念廻光 = 空寂靈知

보조는 즉심시불(卽心是佛)을 마조계통처럼 이해하지는 않는다. 곧 견문각지하는 그대로의 '心'이 곧 '佛'이라고 주장하지는 않는다는 말이다. 그렇다고 별도의 바탕으로서 심체(心體)를 설정하지 않는다. 견문각지하나 물들지 않는 心이 佛이지, 모든 견문각지 그 자체로 부처인 것은 아니다 왜냐하면 견문각지의 일상의 마음은 분별된 모양이거나 미혹된 중생의 마음과 아무런 구별이 없기 때문이다. 여기에는 작용만 있을 뿐, 그것이 공적함을 아는 영지의 심체는 없다. 그렇기 때문에 보조에 있어 견성의 성은 바로 작용하는 공적영지가 아니면 안 된다.

이렇게 이해될 때 용즉체(用卽體)라는 돈오가 가지는 윤리적인 약점을 피할 수 있다. 바로 이런 공적영지의 마음의 작용이 마음을 이룰 때, 비로소 견성의 '見'인 견문각지의 작용은 곧 성이며, 성은 곧 견문각지가 된다. 다시 말하면 작용이 성이고, 성이 작용이기 위해서는 단서가 있다. 그 단서는 바로 견문각지의 작용은 일념회광(一念廻光)이어야 하며, 그것의 성품는 공적영지(空寂靈知)이여야 한다는 것이다. 비유하자면 이미 눈[靈知]은 갖추어져 있다. 눈을 찾기 위해서는 어떤 방편을 쓸 필요가 없다. 눈을 보이지 않는다 해서 우리는 눈을 찾지는 않는다. 항상 눈을 사용[用]하면서 눈의 존재를 경험하고 입증하기 때문이다.[20] 즉 눈은 본래적으로 외적 대상에 물들지 않고 존재한다는 것이다.

『권수문』은 정토와 같은 견해에 대해서 방편적인 대치문(對治門)을 세워두지만 『수심결』은 어떤 방편도 세우지 않는다. 『수심결』의 독창성은 전통적인 '견성사상'을 '일념회광의 공적영지'라는 보다 구체적인 실천으로 해석하고 있다는 점일 것이다. 그러면 견성은 정혜와는 어떤 관계를 가지는가?

---

20 修心訣, 앞의 책, p.35. '若知不失 卽爲見眼 更無求見之心 豈有不見之想 自己靈知亦復如是'

2) 성성적적

견성에서 '見'은 주체적인 측면을 대변하면, '性'은 그 見의 대상이 된다. 그러나 이 주관과 대상은 서로 별개가 아니다. 일념회광의 작용이 바로 공적영지의 성이기 때문이다. 그러므로 『육조단경』에서도 〈성품은 본래 청정하고 번뇌가 공하기 때문에 무념으로 종을 삼고 무작으로 근본을 삼는다.〉고[21] 했다. 무념(無念)과 무작(無作)은 어떤 점차나 지위를 인정하지 않는 돈오를 의미한다. 이점에 관하여 보조는 『권수문』에서 〈백천삼매와 무량법문 가운데 왜 정혜만을 권하는가?〉라는 질문 5에 대해서 다음과 같이 대답하고 있다.

> 돈종(頓宗)의 곧장 가리키는 문에 의지하여 단박 자기 마음의 상적(常寂)과 성성(惺惺)을 바로 요달한다. 이것에 의해서 수행하는 까닭에 만행이 갖추어져 있으나, 무염으로 종을 삼고 무작으로 본을 삼는다. 무염이고 무작인 까닭에 시간과 지위에 점차가 없고 법과 뜻에 차별상이 없다. 성을 따라 수행하기 때문에 티끌수의 법문과 모든 지위공덕이 묘심에 여의주처럼 갖추어져 있다. 이 가운데 성성적적(惺惺寂寂) 의미는 생각을 떠난 심체를 바로 말하기도 하고, 공부해가는 문을 설하기도 한다. 그러므로 수성(修性)이 함께 원만하고 이행(理行)이 다 통한다.[22]

---

21 敦煌本「六祖壇經」, 앞의 책, p.338.下, '禪知識 我自法門 從上以來 皆立無念 無宗無相無體 無住爲本'

22 勸修定慧結社文, 앞의 책, p.17, '今時修心人 具佛種性 依頓宗直指門 發決定信解者 直了自心常寂 直然惺惺 依此而起修故 雖具修萬行 唯以無念無作故 無有時劫地位 漸 次之行 亦無法義差 別之相 以具修故 塵數法門 諸地功德 妙心體具 如如意珠 此

위 인용문은 성종의 수행문에서 돈오와 그 증득내용과의 관계를 언급하는 중요한 부분이다. 〈돈오의 직지문(直指門)에 의지하여〉는 수행의 방법을 제시하는 것이며, 〈단박 자성의 상적과 성성을 바로 요달한다〉는 것은 증득의 내용이다. 공적영지의 성을 따라 수행하는 것은 〈무염무작〉으로 〈시간과 지위에 점차가 없고〉, 이 가운데에 〈성성적적의 의미가 갖추어져 있다〉는 것이다. 결국 돈오의 내용은 성성(惺惺)과 적적(寂寂)이라는 말이다.

그런데 이 성성적적의 의미는 〈생각을 떠난 마음의 바탕[離念心體]〉를 말하기도 하고, 또한 〈작용하고 공덕을 짓는 문[用功門]〉을 의미하기도 하다는 것이다. 생각을 떠난 마음의 바탕[離念心體]은 성품과 이치에, 공덕과 작용의 문[功用門]은 닦음과 실천에 해당된다. 이것을 요약하여 견성(見性)과 관련시켜서 도표로 만들면 다음과 같다.

| 표2. |

이 표는 돈오의 직지문에 의해 증득의 내용인 성성적적, 즉 정혜는

中 惺惺寂寂之義 或直約離念心體 或約用功門說之 故修性俱圓 理行兼暢 修行徑路 莫斯爲最'

작용적인 측면인 '공덕과 작용의 문'의 수행이면서 동시에 '생각을 떠난 마음의 바탕'의 성임을 보여준다. 그래서 〈닦음[修]와 성품[性]이 함께 원만하고 이치[理]와 실천[行]이 다 통한다〉고 했다. 성품과 이치는 바탕[體]이며, 닦음과 실천은 작용(作用)이기 때문이다. 마찬가지로 견성(見性)에서 '見'은 닦음과 실천의 작용으로 이해되고, 성품은 바로 생각을 떠남 마음의 바탕[離念心體]으로 이해된다. 이제 수행의 작용과 그 심체라는 견성을 이해하는 양 측면은 성성적적으로 통합되는 것이다. 다시 말하면 선정과 지혜[定慧]는 수행의 과정[行]이면서도 또한 수행의 도착점, 결과[證]이기도 하다.

이 무념과 무작의 경계에서 항상 자기의 마음이 고요하고[定] 성성함[慧]을 바로 안다. 이 성성적적한 이치가 바로 생각을 떠난 무념의 심체이다. 〈마음의 성품이 본래 고요하고, 번뇌가 보래 공[心性本定 煩惱本空]〉이기 때문에 무념무작이 되고, 무념무작이기 때문에 성성적적이 되고, 그러므로 성성하고 적적함이 바로 생각을 떠난 마음의 바탕[離念心體]가 되는 것이다. 생각을 떠난 마음의 바탕이란 바로 공적영지[空寂靈知]의 마음인 성성하고 적적함이다. 보조가 여기서 성성하고 적적한 정혜가 '생각을 떠난 마음의 바탕[離念心體]'라고 할 때, '생각을 떠난 마음의 바탕[離念心體]'이란 본래 『기신론』에서 등장하는 용어이다.

깨달음[覺]이라고 하는 말의 뜻은 심체가 생각을 떠난 것이며, 생각을 떠난 것은 허공계와 같아 두루하지 않는 바가 없다. 이 법계

의 한 모양[一相]이 여래의 평등법신이다. 이 법신에 의지하여 본
각이라고 설한다.[23]

   '마음의 바탕이 생각을 떠남[心體離念]'을 '깨달음[覺]'으로 파악하
는 『기신론』의 본래의 깨달음[本覺]의 사상은 마음의 바탕을 '知'로 파
악한 화엄종 종밀의 본래적 앎[本知]의 사상과 상통한다. 이것은 다시
『수심결』에서 성성하면서도 적적한 정혜등지(定慧等持)라는 의미로
이어지고 있는 것이다. 정혜에 의해 수행하는 대상은 심성이다. 그런
데 생각을 떠난 심성은 본래 성성하고 적적함이다. 그래서 성품과 정
혜는 별개가 아니다. 이치나 성품은 생각을 떠난 마음의 바탕[離念心
體]이고 정혜는 닦음이고 실천이다.

   점차의 점교(漸敎)에 의하면, 닦음과 성품 양자는 별개로 파악된다.
닦음은 정혜의 닦음을 의미이고, 점차와 지위공덕이 있다. 이런 수행
관을 가지면 오염된 마음과 청정한 마음이라는 구별이 있다. 오염된
마음은 점차 청정한 마음으로 전환되어 간다고 말한다. 그래서 궁극
적으로 도달할 지위는 청정한 마음이다. 닦음[修]은 목표에 도달해야
할 과정이다. 성품과 닦음에 의해 구현되어야할 바의 '본래적 깨달음
[本覺]'이다. 이때 정혜는 수행의 방법이고, 성품은 도달할 곧 증득의
대상이 된다. 이런 견해에 따르면 양자는 별개로 파악된다.

23　大乘起信論, 앞의 책, p.576,中. '所言覺義者 謂心體離念 離念相者 等虛空界 無所不
　　遍 法界一相卽 是如來平等法身 依此法身 說名本覺'

그러나 본성에 칭합하는 무념과 무작의 문에 따르면, 본성은 그 자체로 공적하고 청정한 까닭에 정혜가 그대로 갖추어져 있다. 따로 정혜를 닦지 않는 것이다. 왜냐하면 정혜는 곧 본각이고 증득이기 때문이다. 보조는 거듭하여 〈묘심의 체란 바로 성성적적한 마음이다〉[24]고 말한다. 여기서 묘심의 체란 바로 본각이고 진여이다. 곧 성성적적한 정혜등지의 수행으로써 견불성(見佛性)하는 것이다.[25] 견은 작용으로 지혜이며, 성은 체로서 정에 상응한다. 말하자면 견성과 정혜등지는 동일한 의미를 지닌다.

$$見性 = 定慧等持$$

정혜로써의 수행은 증득의 대상인 성품과 동일한 대상이고 주체이다. 양자는 동근인 것이다. 수행을 실천의 과정이고 성품을 증득할 실체로 구별하여 파악하는 것은 『권수문』의 방편적인 대치(對治)의 의미이지, 결코 『수심결』의 제일의제(第一義諦)가 아니다.

보조의 수증에 관한 철학적인 태도는 이 질문 5에 대한 다음과 같은 대답에서 분명해 진다.

초심을 발할 때부터 구경에 이르기까지 오직 고요하고(唯寂) 오직 앎 뿐[唯知]이다. 여기서 오직 고요함[唯寂]이고 오직 앎[唯知]이

----

24 『勸修定慧結社文』, 앞의 책, p.21, '言妙心體者 是惺惺寂寂之心也.'

25 위의 책, p.15, '是修心人 定慧等持 明見佛性之妙門也.'

라는 것은 바로 성성적적이다.[26]

깨달았을 때는 이지(理智)라 하고, 발심하여 수행할 때는 지관(止觀)이라 하고, 제대로 닦아 행을 이룰 때는 정혜(定慧)라 하고, 번뇌가 죄다 사라지고 공을 쌓는 행이 원만하여 성불 할 때는 보리열반(菩提涅槃)이라 한다. ...(중략)...만약 자기의 진실하고 변함없는 성품의 덕을 비추어 보고 동정이 서로 걸림이 없어 법계를 증득해 알면, 모든 지위의 공덕과 티끌수같은 법문과 구세 십세 등이 당념(當念)을 떠나지 않는다.[27]

이것은 만 가지의 수행이 다 정혜에 바탕을 두고 있다는 의미이며, 만약 정혜가 결여되었다면 그것은 수행문이 아니다는 의미가 함축되어 있다. 다만 수행의 지위에 따라 그 이름을 달리 할 뿐이다. 모든 지위의 공덕, 티끌수의 법문이 '바로 지금 여기의 한 생각[當念]'을 떠나지 않고 정혜의 이름이 수행하는 지위에 따라 달리 부를 뿐이다. 이지(理智)는 지관이 되고, 지관은 정혜가 되고, 정혜는 보리열반이 된다. 이지, 지관, 정혜, 보리열반은 모두 동일한 정신적인 내용인 '성성적적의 본각'을 구유한다. 그래서 닦아가는 그곳에 증득이 있고 증득이 있는

----

26 勸修定慧結社文, 앞의 책, p.19. '當知 始自發心 乃至畢竟 唯寂唯知'

27 앞의 책, pp.18-19. '謂約了悟時 名爲理智 約發心修時 名爲止觀 約任運成行 名爲定慧 約煩惱都盡 功行圓滿 成佛之時 名爲涅槃菩提 當知 始自發心 乃至畢竟 唯寂唯知...(중략)...約圓照自心眞常性德 動靜雙融 證會法界 則便知 諸地功德 塵數法門 九世十世 不離於當念'

곳에 곧 닦음이 있다. '修'와 '證'은 불이의 관계를 가진다. 왜냐하면 심성은 그 자체로 모든 지위의 공덕을 '당념[當念]'에 갖추고 있기 때문이다. 이것은 '性'에 대한 보조의 이해방식을 다시금 보여주고 있다.

> 심성은 본래 자재하여 인연을 따라 바뀐 듯하면서도 항상 변함이 없음을 말한다.[28]

위 인용글의 내용은 표2와 동일한 구조를 보여주고 있다. 즉 심성이 갖추고 있는 덕성은 두 가지의 측면을 가지고 있다. 하나는 변하지 않는 생각을 떠난 마음의 바탕[離念心體]으로서 면모와 다른 하나는 인연을 따르는 작용의 측면인 공용문이다. 본각의 바탕은 수행의 지위라는 인연을 따라 그 이름이 달리 불리어지는 것이다. 그래서 모든 수행의 지위나 법문은 서로 다른 내용을 담고 있다고 여겨지지만, 이것은 인연을 따르는 작용적인 측면이고 그것의 본질인 바탕은 변함이 없다는 입장이다. 돈오한다면 어느 지위에서든 바로 그 당념[當念]의 작용으로부터 자성을 보는 것이다. 그러므로 그 지위의 닦음은 그 자리에서 증득[證]이 되는 것이다. 이것이 곧 견성인데, 이 생각을 떠난 무염의 심체인 본각은 바로 성성적적이고, 공적영지이며, 정혜인 것이다.

---

28 위의 책, p.19, '心性 本來自在 隨緣似轉 而常無變易者也'

2 자성정혜(自性定慧)와 수상정혜(隨相定慧)

자성정혜는 정혜가 본래부터 자성에 구족된다는 의미이고 수상정혜는 외적인 대상에 따른 정혜를 말한다. 전자가 보다 본질적인 바탕[體]을 말한다면, 후자는 작용[用]적인 측면을 말한다. 양자는 서로 다르지는 않지만 마음의 두 가지 측면을 말한다.

1) 자성정혜

보조는 기본적으로 남종선의 정혜불이(定慧不二)의 전통을 계승한다. 정혜의 문제를『육조단경』처럼 본체와 작용의 관계로 설명한다.

> 이치에 들어가는 문은 선정과 지혜 아님이 없다. 그 요점은 자성의 본체와 작용 두 가지의 뜻인데, 공적영지가 바로 그것이다. 선정은 본체이고 지혜는 작용이다. 본체의 작용이기 때문에 지혜는 선정을 떠나지 않고 작용의 본체이기 때문에, 선정은 지혜를 떠나지 않는다. 선정이 지혜이므로 고요하면서 항상 알고 지혜가 선정이기 때문에 알면서 항상 고요하다.[29]

선정과 지혜가 서로 다른 내용이 아닌 까닭에 곧 정혜등지이다. 선

---

29 『修心訣』, 앞의 책, p.39. '若設法義 入理千門 莫非淨慧 取其綱要 則自性上 體用二義 前所謂空 寂靈知 是也 定是體 慧是用也 卽體之用 故慧不離定 卽用之體 故定 不離慧 定則慧 故寂而常知慧則定 故知而常寂'

정과 지혜가 등지(等持)인 이유는 마음의 본질은 결국 공적영지의 마음이기 때문이다. 공적은 선정이요, 영지는 지혜이다. 이런 점에서『수심결』의 정혜사상은 정혜등지(定慧等持)로 요약된다. 정혜등지의 또 다른 표현인 정혜쌍수가 선정과 지혜가 다르다는 입장을 표명한다고 하는 견해도 있는데 이것은 편견이다. 사실 정혜불이도 선정과 지혜라는 독립된 견해의 존재를 전제하는 까닭에 굳이 불이를 말하는 것이다. 선정과 지혜가 분리된 이해를 제거하기 위해서 불이(不二)와 쌍수(雙修)라는 말을 첨가한 것이다. 그렇기 때문에 정혜등지(定慧等持), 정혜쌍수(定慧雙修), 정혜불이(定慧不二)는 동일한 의미이며, 간단하게 줄이면 정혜가 된다. 보조는 언제나 정혜를 함께 사용하지 분리하여 이해한 적이 없다.

> 돈문(頓門)에 들어간 이는 정혜로써 함께 닦는 것이다......통달한 사람의 경지는 정혜를 고루 가진다는 뜻은 힘씀과 작용이 떨어지지 않고 원래 저절로 무위이어서 따로 특별한 때가 없는 것이다.[30]

'선정과 지혜'가 아니라 '정혜'로 이해할 때, 보조의 관심은 정혜의 관계를 어떻게 이해해야 하는가에 있지 않다. 정혜가 불이든지 쌍수든지 '닦음'을 전제하는데 일단 정혜의 닦음 자체도 본래는 닦음이 아니다. 진정한 닦음은 공적영지에 바탕을 두기 때문에, 닦으나 닦지 않

---

30 같은 책, '若悟如是 任運寂知 遮照無二 則是爲頓門箇者 雙修定慧也...(중략)...則達人 分上 定慧等持之義 不落功用 元自無爲 更無特地時節'

으며[修而無修] 끊으나 끊음이 없는[斷而無斷] 수행이다. 이렇게 자성 청정심에 기초하여 무염과 무작으로 닦는 정혜를 『수심결』에서는 자성정혜(自性門定慧)라고 말한다. 이 말은 선정과 지혜가 근본적으로 자성에 구족한 까닭에 애써 노력하여 구할 필요가 없다는 의미이다. 선정과 지혜는 인간의 본래적인 성품인 것이다. 그래서 이미 갖추어진 돈오(頓悟)이다. 무엇인가를 구하는 것 자체가 문제라는 입장이다.

　그러나 보조는 전적으로 엄격한 돈오적인 입장만을 고집하지 않는다. 돈문(頓門)의 자성정혜와 점문(漸門)의 수상정혜를 함께 수용한다. 왜냐하면 '性'은 바탕[體]와 작용-[用]이라는 양 측면을 동시에 가지고 있기 때문이다. 바탕[體]은 자성정혜로, 작용-[用]은 수상정혜로 구현한다. 외적인 대상[相]을 따르는 수상정혜의 경우는 『익진기(翼眞記)』[31]를 인용하고, 자성에 칭합하는 자성정혜의 경우는 『육조단경』을 인용한다. 보조는 다음과 같이 『익진기』을 인용한다.

　　계는 잘못을 막고 악을 그친다는 뜻으로서 삼악도에 떨어짐을 면
　　하게 한다. 정이란 이치에 맞추어 산란한 생각을 거두어들인다는
　　뜻으로 욕심을 뛰어넘는다. 혜란 법을 가리어 공을 관한다는 뜻으
　　로 생사에서 벗어나게 한다.[32]

----

31 『翼眞記』는 오늘날 전하지 않으며 著者도 누구인지 정확하게 알 수 없다.[R Robert Buswell, *The Korean Approach to Zen*(Honolulu;Univ. of Hawaii press,1983),p.128. 註 14.]

32 勸修定慧結社文, 앞의 책, p.13, '戒以防非止惡爲義 免墮三途 定以稱理攝散爲義 能超六欲 慧以擇法觀空爲義 妙出生死'

『익진기』의 관점은 악(惡), 산란(散亂), 미혹(迷惑)의 존재를 전제한 수행이다. 그래서 분별적인 모양을 따르는 점수적인 수행으로 대치(對治)의 의미가 강하다. 이 수행관은 엄격하게 말하면 아비달마적 수행관이라고 할 수 있다. 『아비달마집이문족론(阿毘達磨集異門足論)』에서는 '止(samatha)'을 〈산란함을 걷우어서 마음을 한 대상에 모으는 것〉, '觀(vipassanā[33])'을 〈법을 잘 선별하여 지혜로서 관한다〉고 정의하고 있다.[34] 이런 지관의 의미는 그 결과로서 나타나는 정혜의 의미는 『익진기』의 정의와 조금도 다름이 없다. 그러나 보조는 이것을 북종적인 상종(相宗)과 유사한 대상을 따르는 점교대치(漸敎對治)의 수행으로 이해한다.

> 삼학(三學)은 수상(隨相)과 칭성(稱性)의 구별이 있는데, 수상은 앞에서 설한 『익진기』와 같다. ...육조는 자성이 곧 삼학임을 설하는 것은 수상대치문(隨相對治門)을 파하는 것이지 칭성(稱性)의 삼학마저 버리는 것이 아니다.[35]

신수의 북종선과 소위 인도의 소승선은 외형적으로는 비슷하게 보

---

33 vipassan는 vi와 passan가 결합되어 이루어진 말이다. vi는 'special, particular'의 의미요, 'passan'는 'seeing beyond what's ordinary, clear vision'의 의미로(Piyadassi Thera,Buddhist Meditation, The University of Colombo, SriLanka,1978), 阿毘達磨의 定義와 매우 상통하다. 이것에 의하면 阿毘達磨의 定義가 字句的인 解釋임을 알수 있다.

34 『阿毘達磨集異門足論』卷第三(大正藏26. 375.下).

35 『勸修定慧結社文』, p.13.

일지 모르지만, 매우 다르다. 소승선이 인무아(人無我)에 바탕을 두고 있다면, 신수의 북종선은 『관심론』[36]에서 보여주듯이 『대승기신론』의 청정심에 기초로 이루어지기 때문이다. 그렇다면 북종선에 대한 보조의 이해는 『육조단경』이나 종밀의 『선원제전집도서(禪源諸詮集都序)』나 『법집별행록(法集別行錄)』과 같은 수준이나 관점이라고 보여진다. 그에 의하면 북종적 점수적 수행은[37] 〈중생이 본래 여래의 각성(覺性)을 가지나 번뇌가 뒤덮여 나타내지 못함으로, 이 먼지를 갈아 씻어내 번뇌가 다 하면 밝고 깨끗한 바탕[體]이 드러난다〉고 하는 것이다. 이것의 요점은 망상을 버리고 참됨을 구하는 것으로, 『법집별행록절요병립사기(法集別行錄節要幷立私記)』(이하 줄여서 『절요』라고 함)의 북종선 이해로는 점종의 이구정혜(離垢定慧)이다.[38]

그러나 『육조단경』의 경우에는 성종의 돈종적 입장인 자성정혜를 보여준다.

> 마음에 잘못 없는 것이 자성의 戒요, 마음에 어지러움이 없는 것
> 은 자성의 定이요, 마음에 어리석음이 없는 것은 자성의 慧다. [39]

---

36 전통적으로 達磨의 저술로 알려져 왔지만 최근의 書誌學的인 硏究는 『觀心論』이 神秀의 저작으로 보는 경향이 있다. 鄭性本, 『中國禪宗의 成立史硏究』, (서울: 민족사, 1991), p.398.

37 『法集別行錄節要幷立私記』, 앞의 책, p.105.

38 위의 책, p.120.

39 위의 책, '心地無非自性戒 心地無亂自性定 心地無癡自性慧'

『육조단경』의 관점은 마음의 자성은 본래부터 악, 산란, 미혹이 존재하지 않는다. 마음은 본래 청정하고 텅 비어 신령스럽다는 성종적인 이해로 돈오 수행이다. 그래서 성에 칭합한다고 말한다. 신수의 북종이 물든 마음을 인정하고 점차로 깨끗한 마음으로 전환시켜가는 관점이라면[40], 『육조단경』의 입장은 처음부터 곧장 정심(淨心)에 스스로를 위치시킨다. 보조는 심성이 보래 고요하고[本定] 번뇌가 본래 공함[本空]의 자각에 의지한 이 수행이 참된 수행[眞修行]이라고 말한다.

> 이른바 악을 끊으면서도 끊은 바가 없고, 선을 닦으면서도 닦는 바
> 가 없어야 진정한 닦음과 끊음이 될 것이다. [41]

그렇다고 보조는 『익진기』의 점교적인 정혜관을 전적으로 배제한 것은 아니다. 초보자에게는 방편적으로 대치의 뜻[方便對治義]이 있음을 인정한다. 그래서 『권수문』에서는 방편[權]과 궁극[實]을 함께 베풀어 놓았다고 말하고 있다. 여기서 방편이란 초보자들을 위한 점차적인 정혜관을 말한다. 즉 외적인 모양을 따르는 『익진기』의 점교적 수행이다. 그리고 궁극이라고 하는 것은 자성에 칭합하는 『육조단경』의 돈교적 수행을 말한다.

그렇지만 보조는 언제나 성종을 제대로 수행하여야 잘못된 병통이

----

40 鄭性本, 앞의 책, p.403.

41 『修心訣』, 앞의 책, 可謂於惡斷 斷而無斷 於善修 修而無修 爲眞修斷矣.'

없음을 누차 강조한다. 수상정혜는 『익진기』에서 〈이치에 맞추어 산란을 거두고 법을 선택하고 공을 관하여 혼침과 산란을 고루 다스려 무위에 들어가는〉 방식의 수행법인데 반하여, 자성정혜는 돈오적인 입장이고 수상정혜는 점수적인 이해인데, 결국 『수심결』의 돈오점수(頓悟漸修)는 자성정혜의 입장에서 수상정혜를 수용하고 있는 것이다. 이것은 깨달음을 얻은 이후에도 계속되는 수행을 인정하는 것이다.

2) 자성정혜와 수상정혜의 관계

자성정혜와 수상정혜를 동시에 인정하는 것은 혼란을 야기할 수 있다. 실제로 보조는 자성정혜와 수상정혜를 동시에 인정함으로써 야기되는 문제점에 대해서 질문을 받는다.

먼저 자성정혜에 의지한다면 더 다스릴 공부가 없는데 무엇하러 또 다시 수상정혜를 따르는가. 반대로 먼저 수상정혜에 의해서 공부를 이룬 다음에 자성정혜에 이른다면, 어찌 돈문자가 먼저 깨치고 나서 닦는데[頓悟漸修]에 노력이 없는 노력을 한다고 할 수 있겠는가?[42]

이것은 매우 적절한 질문이라고 생각된다. 자성정혜는 혼침과 산란의 존재를 근본적으로 인정하지 않지만, 수상정혜는 혼침과 산란의

----

42 위의 책, p.41, '若先依自性定慧 則任運寂知 更無對治之功 何須更取隨相門定慧也……若先以隨相門定慧對治功成 然後 趣於自性門 則宛是漸門中劣機 悟前漸熏也 豈云 頓門箇者 先悟後修 用無功之功也.'

존재를 인정한다. 돈오점수에서 자성정혜와 수상정혜의 병입은 논리적 모순처럼 보인다. 이에 대해『수심결』에서는 근기와 성품이라는 두 가지의 근거를 제시한다.

보조의 근기론에 의하면 돈문에도 근기가 뛰어난 이가 있고 낮은 이가 있다. 그래서 근기가 낮은 이는 깨달은 이후에도 〈점문의 근기가 행할 바를 취하는 것이 아니라 그 방편을 취하여 길을 빌리고 의탁할 뿐이다.〉[43] 그렇다하더라도 심성이 본래 청정하고 번뇌가 공함을 먼저 깨달았으므로 〈점문의 낮은 근기의 오염된 수행에 떨어지지 않는다〉고 말한다. 다음으로는 자성정혜의 돈오적인 관점에서 볼 때도, 〈성품은 그 자체로 공적한 영지이므로 비록 수상의 대치방편(對治方便)이 있다고 할지라도 생각이나 의혹이 없어 물들지 않는다.〉[44] 그렇기 때문에 깨닫기 이전의 수행은 진정한 수행이 아니라고 하는 것이다. 설사 수행한다고 할지라도 근원적으로 번뇌와 산란이 존재하는 대치적(對治的)인 의미는 다시 그것에서 의혹과 집착이 야기되기 때문이다. 그러므로 이제 돈오에 의지하여 닦는 수상정혜는 깨달음이 결여된 대치적 의미인 북종의 이구정혜(離垢定慧)와 분명하게 구별하여 할 필요가 있다. 본고에서도 이 양자를 엄격하게 구별하여 사용하고자 한다. 사실 보조는『법집별행록절요병입사기』에서 이구정혜의 북종적 수행관을 배격하고 있다.

----

43 『修心訣』, 앞의 책, p.41, '非全取漸機所行也 取其方便 假道托宿而已.'

44 위의 책, p.42, '悟人分上 雖有對治方便 念念無疑 不落汚染'

북종의는 다만 염과 정이 연기하는 상이며, 망염이 본래없고 심성이 본래 깨끗함을 깨닫지 못함이니, 깨달음이 이미 사무치지 못한지라 닦으나 어찌 眞에 칭합하리오.[45]

『익진기』에서 말하는 정혜는 악, 산란, 미혹의 존재를 전제한다. 그러므로 닦으나 진정한 닦음이 아니다. 왜냐하면 이 수행은 결국 생각을 떠나는 이구정혜로 망염이 본래 없고 심성이 본래 청정한 성품을 보지 못하고 있기 때문이다. 그러나 수상정혜는 이미 심성이 청정하고 번뇌가 본래 공한 도리를 돈오한 관계로 비록 대치의 문이나 점문이 아니다.[46] 그래서〈생각마다 의혹이 없어 물들지 않고 온갖 대상에 관계하지만 자성을 떠나지 않아 정혜등지(定慧等持)를 이룬다.〉[47]

이렇게 보면 수상정혜는 성품에 대한 통찰에서 오는 인연을 따르는 도인의 삶이라고 할 수 있다면, 이구정혜는『육조단경』에서 신수의 게송에 대한 오조홍인의 평가대로〈아직 문안에 들어가지 못한 수행〉[48]인 것이다. 왜냐하면 계속 거울을 닦고 있어야 하기 때문이다.

결국『수심결』에서 보여주는 보조의 정혜관은 심성이 본래 청정하

----

45 『節要』, 앞의 책, p.105, '此但 染淨緣起之相 反流背習之門 而不覺妄念本無 心性本淨 悟旣未徹 修豈稱眞哉'

46 위의 책, p.42, '雖借對治功夫 暫調習氣 以先頓悟 心性本淨 煩惱本空 故卽不落漸 門劣機染汚修也.'

47 같은 책, '雖有對治方便 念念無疑 不落汚染……任運寂知 念念攀緣一切境 心心永斷 諸煩惱不離自性 定慧等持'

48 『六祖壇經』, 앞의 책, '見卽來到 只到門前 尙未得入'

고 번뇌가 본래 공하다는 '성의 철학'에 기초한다. 심성은 본래 변하지 않는 본체와 인연을 따르는 작용의 양 측면을 가지고 있는데, 본체의 입장에서 보면 자성정혜의 길이 되고, 인연을 따르는 작용의 입장에서 보면 수상정혜의 길이다. 이제 수상정혜는 견문각지하나 물들지 않는다. 그리고 돈오는 자성정혜로 점수는 수상정혜로 배대된다. 그런데 본체와 작용은 둘이 아니기 때문에 자성정혜와 수상정혜는 돈문의 입장에서 보면 동일한 내용이다. 돈오점수에서 돈오와 점수는 무염, 무작의 돈문으로 같은 뿌리인 것이다. 보조는 〈자성정혜와 수상정혜 사이에는 선후와 차제의 이견이 없다〉[49] 고 분명하게 말하고 있다.

自性定慧(頓悟) = 隨相定慧(漸修)

이 양자는 성품의 바탕과 작용과 같이 불이의 관계를 가지는 것이다. 그래서 돈오적인 측면인 자성정혜와 돈오 이후의 수상정혜가 같은 의미를 지니기 때문에, 양자 사이에 전제된 논리적 모순은 자연히 해소되는 것이다. 이때의 수상정혜는 더 이상 북종의 점교적 관점에서 이해되는 이구정혜가 아니라, 성품의 작용으로써의 수상정혜이다. 이점은 북종(北宗), 우두종(牛頭宗), 홍주종(洪州宗), 하택종(荷澤宗)의 차이점을 분석하면서 『절요』에서 다시 거론되고 있다. 북종의 기본적인 관점은 진망(眞妄)을 서로 다른 관점에서 구분하고, 妄을 버리고 眞

---

49 『修心訣』, 앞의 책, '若知如是 則豈以二門定慧 有先後次第二見之疑乎'

을 취하려하기 때문에 이것을 『절요』에서는 '수상정혜'라고 부르는 대신에, '이구정혜'라고 부른다.

선문엔 깨달음의 주체와 대상[能所悟]가 있는 닦고 치유하는 문[修治門]을 점종(漸宗)의 이구정혜(離垢定慧)에 붙이고, 심지에 미혹이 없고 산란이 없어 관찰의 주체와 대상[能所觀]을 떠남을 돈종(頓宗)의 자성정혜(自性定慧)라 이름한다.[50]

이것을 볼 때 보조는 수상정혜(隨相定慧)와 이구정혜(離垢定慧) 양자의 차이점을 직접 논한 적은 없지만, 『수심결』에서 사용한 돈오 이후의 수상정혜(隨相定慧)와 『절요』에서 사용되고 있는 점교의 이구정혜(離垢定慧)를 분명한 자각을 가지고 구분하여 사용하고 있음을 알 수 있다.

또, 자성에 관해서는 『절요』에 나타나는 종밀은 자성의 체를 다시 두 가지의 형태로 분류하여 거울에 비유하여 설명한다.

첫째는 자성의 본질적인 작용[自性本用]으로 마음의 본래적인 작용이다. 둘째는 인연에 따르는 응용[隨緣應用]이다. 예를 들면 거울의 바탕은 우리의 마음 그 자체[自性體]요, 거울이 본질적으로 대상을 비춘다는 투명한 성질은 자성의 본질적인 작용[自性用]이며, 개개의 대상을 비추어지는 것은 인연을 따른 응용[隨緣應用]

---

50 『節要』, 앞의 책, p.120. '禪門 以有能悟所悟修治之門 屬於漸宗離垢定慧 以心地無癡無亂 離能所觀 名頓宗自性定慧'

이다.[51]

여기서 성종은 홍주종(洪州宗)과 하택종(荷澤宗)을 가리키는데, 양
종은 같은 성종이나 미묘한 차이가 있다. 하택종은 자성을 다시 자성
의 본체와 자성의 본용으로 나눈다. 이에 반하여 홍주종은 자성이 곧
수연작용(隨緣作用)인 까닭에 오직 인연을 따른 응용[隨緣應用]만을
세운다고 할 수 있다.

종밀은 여기에서 하택의 자성의 본용으로서 본지(本知)에 비교해
서, 홍주종은 언어동작이 곧 불성이라고 하는데, 그것은 인연을 따르
는 수연응용이기 때문에 자성의 본용이 결여된 것이라고 한다. 종밀
은 법에는 불변과 수연의 의미가 있고 사람에게는 돈오와 점수가 있
기 때문에 이 모든 것을 내포하는 하택종이 우월하다고 주장한다. 어
쩌면 자성의 공적한 면을 자성체로 하고 자성의 본래적인 앎의 작용
을 본지로 다시 구별하는 것은 단순히 평상심이 도라는 홍주종의 수
연작용보다는 탁월할지도 모른다. 또 어느 정도는 논리적인 측면에서
하택종이 홍주종에 비하여 체계적이고 정교한 것은 사실이다.

그러나 하택종이나 홍주종이나 모두 약점을 가지고 있다. 하택종의
경우는 너무 논리적인 측면이 강조되어 관념에 치우칠 위험이 있다.
그래서 현실적인 중국인에게는 적합하지 못한 이유가 되어 중국 선종
사에서 방계로 밀려났다고 보여진다. 반면에 홍주종의 경우는 현실적

---

51 앞의 책, p.115, '眞心本體 有二種用 一者 自性本用 二者 隨緣應用'

인 응용이 뛰어난 반면에, 자성의 본용인 공적영지가 결여된다면, 그래서 만약 일상의 언어 동작 같은 견문각지의 모든 행위가 바로 불성이라면, 일상의 희노애락이나 번뇌가 모두 불성의 작용이 되어야 하는 오류가 있다.

이런 점에서 보조의 돈오점수 사상에 의해서 이루어지는 자성정혜와 수상정혜는 매우 주목할 만한 관점이다. 자성정혜는 하택종의 자성본용인 본지을 바탕으로 이루어지고, 수상정혜는 홍주종의 수연응용을 기초로 한다. 논리와 현실의 대립되는 모순을 돈오점수의 성종적 입장에서 회통하여 통합시키고 있는 것이다. 이것만으로도 보조는 단순히 자성본용만을 본지사상의 정혜관에다, 인연에 따라 작용하는 수상정혜를 첨가함으로써, 정혜를 중심으로 한 선사상사에서 독자적인 정혜관을 수립했다고 평가된다. 이상의 논의를 표로 나타내면 다음과 같다.

| 표3. |

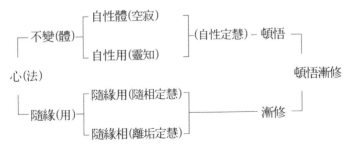

위의 표3은 一心의 내용인 성과 상, 불변과 수연, 본체와 작용, 돈오와 점수라는 주요 논점을 그 상호관계에 따라 배열한 것이다. 이점

은『수심결』뿐만 아니라,『권수문』,『절요』에서 공통된 관점이다.『권수문』에서는 현정혜(顯定慧)의 내용으로 〈심성이 만법을 포함하여 성상, 본체와 작용, 불변과 수연에 걸림이 없다〉[52]하고,『절요』에서는 첫부분에서 종밀의 입장을 수용하여 〈처음에 법에는 불변과 수연이 있다는 것〉[53]과 〈다음에 돈오점수 양문이 있는 것을 밝힌다〉[54]고 하였다. 끝부분에 가서도 다시 법과 근기라는 두 관점에서 정리한 다음,[55] 간화경절문(看話徑截門)의 언구들을 인용한다. 그리고 특히 표3의 앞부분은『기신론』과 뒷부분은『수심결』의 과목과 비교된다. 일심(법)를 불변과 수연으로 나눈 것은,『기신론』에서 일심을 심진여문(心眞如門)과 심생멸문(心生滅門)으로 나눔[56]과 유사하다.

| 표4. |

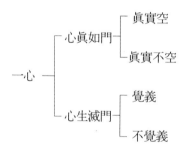

----

52 위의 책, p.19, '以心性靈妙自在 含容萬種法 萬法未嘗離自性 如轉如不轉 性相體用
    隨緣不變'

53 『節要』, 앞의 책, p.109.

54 위의 책, p.117.

55 위의 책, p.159, '委辨法有隨緣不變二義 人有頓悟漸修兩門'

56 『大乘起信論』卷上, (『大正藏』32.584.下) .

심진여문은 마음의 본성으로 불생불멸의 측면이기에 불변의 성품에 해당되고, 심생멸문은 여래장에 의지한 생멸의 마음인 까닭에 수연에 상응한다. 심진여문은 다시 진실공과 진실불공으로 나누는데, 진실공이 〈일체의 염법(染法)과 불상응하여 일체의 차별상을 떠난〉[57] 까닭에 일종의 자성체이며, 진실불공은 〈진심은 항상하며 불변하여 정법이 원만하게 갖춤〉[58]은 자성용과 유사하다. 심생멸문은 다시 각의와 불각의으로 나눈다. 각의는 〈일체의 망념상을 떠난 법계일상으로 여래의 평등법신이므로〉[59] 수연용의 의미와 상통한다. 불각의는 〈마음이 일어나 망념이 있음을 자각하지 못한 까닭에〉[60], 망염이 실로 존재한다는 전제를 세우는 이구정혜의 수연상에 해당된다. 그러므로 수상정혜외 자성정혜에 대한 보조의 이해를 드러내 주는 표3은 『기신론』의 내용을 대변하는 표4와 그 의미구조가 동일하다고 말할 수 있다.

또 표3에서 돈오와 점수로써 다시 통합하는 후반부는 『수심결』의 총 과목과 상응한다. 『수심결』도 『권수문』과 마찬가지로 질문과 대답의 형식으로 구성되어 있다. 각 질문과 대답을 중심으로 총과목을 만들면 다음과 같다.

----

57 위의 책, p.584.下, '從本以來 一切染法 不相應故 離一切法差別相故'

58 위의 책, p.585.上,"即顯眞心 常恒不變正法圓滿故名不空"

59 위의 책, p.585.上, '離一切妄念相故 等虛空界無所不遍 法界一相即 是一切如來平等法身'

60 위의 책, p.585.中, '不覺心起而有妄念 然彼妄念自無實相'

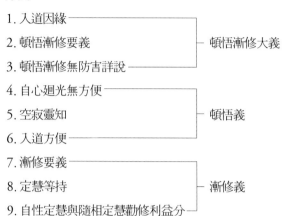

序文

1. 入道因緣
2. 頓悟漸修要義 ── 頓悟漸修大義
3. 頓悟漸修無防害詳說

4. 自心廻光無方便
5. 空寂靈知 ── 頓悟義
6. 入道方便

7. 漸修要義
8. 定慧等持 ── 漸修義
9. 自性定慧與隨相定慧勸修利益分

심진여문의 불변의 성품은 결국은 공적영지로 돈오에 의해서 인식된다고 하면, 심생멸문의 상을 따르는 수행은 점수를 의미한다고 할 수 있다. 보조는 『수심결』의 서문에서 〈불즉시심〉이라고 전제하고 다시 〈마음 밖에 부처 없고, 성품 밖에 법이 없다〉[61]고 재천명한다. 그런 다음에 돈오점수의 뜻을 질문과 대답을 통해서 표5와 같이 제시하고 있는 것이다. 다시 말하면 보조는 성상, 불변과 수연, 본체와 작용, 돈오와 점수와 같은 모든 법(法)을 『기신론』의 '일심'이라는 대승의 그릇으로 통합하고 있다고 할 수 있다.

----

61 修心訣, 앞의 책, p.31.

V

『법집별행록
절요병입사기』의
간화경절(看話徑截)

『법집별행록절요병입사기』의 간화경절(看話徑截)

본 장에서는 중국선을 수용하는 보조의 철학적인 태도와 더불어, 『수심결』에서 심도 있게 논의된 성종적인 입장이 다시 한 번 극복되는 간화(看話) 경절문(徑截門)의 정혜관을 중심으로 고찰하고자 한다.

1 보조의 사종종파(四禪宗派) 융섭(融攝)

1) 종밀의 사선종파 분석

『법집별행록절요병입사기』(이하 『절요』로 축약함)란 보조가 『법집별행록』라는 책을 절요하고 사기(私記)를 한 것인데, 『법집별행록』의 존재유무는 학계에서도 아직 분명하게 결정되지 않고 있다. 그 이유는 『법집별행록』이 현재에 전하여지지 않고 있기 때문이다. 이점에 대한 전통적인 견해로는 회암정혜(晦岩定慧, 1685-1741)가 지은 『법집별행록절요사기해』인데[1] 그것은 다음과 같다. 〈법집은 선원집과 예가 같지마는 제가(諸家)의 기술한 구게(句偈)를 바로 편찬한 것이므로 통히 『선원제전집』이라 하였고 여기에서 사종에서 보인 법만을 집한 것이므로 다만 대상(所詮)만을 들어서 법집이라고 하였다. 법집별행이라 함은 통히 제종의 법을 집하고도 하택의 법만을 별행한 까닭에 심천득실을 변명하노라 한 까닭이다.〉 하였다.

유일연담(有一蓮潭, 1720-1799)은 『법집별행록절요과목병입사기』에서 〈법집별행이라 함은 사종의 법을 집하여 하택종만이 세상에 별행하게 된 것이다. 또 법은 불변과 수연의 법이요 별행이라 함은 전과 같으니라. 대개 홍주와 북종은 수연뿐이고 우두는 불변 뿐이지만 오직 하택은 불변과 수연을 갖추었으므로 세상에 별행한 것이다.〉라고 하였다.[2]

또 석전한영(石顚漢永, 1870-1958)의 견해도 있으나, 회암정혜(晦岩定慧)의 견해와 상통한다. 즉 당의 규봉종밀(780-841)이 『선원제전집』 100권을 편집하고 그에 대해서 도서를 찬하여 선교제종을 총판하고 이에 따라 북종, 우두종, 홍주종, 하택종 사종의 법을 모아 따로 세상에 행하므로 『법집별행록』이라 한다는 것이다.[3] 이러한 전통적인 연구는 서지학적인 검토가 결여되었다는 문제점을 안고 있다. 즉 일단 『법

----

1 晦岩定慧, 『法集別行錄節要私記解』, 『韓佛』 9, 546.上.

2 李種益, 「普照撰述의 思想概要와 그 書誌學的 考察」, 『普照思想』 제1집, (서울: 불일출판사, 1987), p.152.: 李智冠編, 『四集私記』, 해인총림승가학원, 1968, p.378.

3 李鍾益, 前揭書, p.152.

집별행록』이라는 책의 존재를 인정한다는 것이다.

일본학계의 연구로는 우이 하쿠주(宇井白壽)와 가마다(鎌田茂雄)가 있다. 우이 하쿠주는 종밀(780-841)의 『선문사자승습도』와 내용이나 체계가 매우 유사하기 때문에 『선문사자승습도』가 바로 『법집별행록』이다고 주장하고,[4] 또 가마다는 보조가 임의로 개작하지는 않았다는 이유로 『법집별행록』이라는 책이 전해지지는 않지만 존재하였다는 견해를 제시한다.[5]

아무튼 『법집별행록』의 존재여부를 떠나, 이 책의 저자는 종밀이고 당시의 10여개 선의 종파를 사종으로 분류하여 하택종을 별행하여 분석하고 있다는 점이다. 이것은 각 종파 간의 심각한 비방과 분쟁으로 말미암아 혼란된 사상계를 정리하고자하는 의도가 엿보이는 것이다.

종밀은 선의 각파를 북종, 우두종, 홍주종, 하택종의 네 가지로 정리한 다음 그것들의 중요한 가르침과 그 심천을 구별해 주고 있다. 그런데 여기서 문제가 되는 것은 분류하는 방식의 기준이다. 기준에 따라서 심천득실을 달리 할 수도 있기 때문이다. 종밀 자신은 불변과 수연이라는 법의 뜻과 돈오와 점수라는 근기의 두 문을 기준하여 분류한다. 이점은 앞의 표3의 분류기준과도 일치한다. 그래서 오직 하택종만이 이 두 가지를 다 만족하기 때문에 지해가 수승하다고 본다. 보조도 그 서문에서 〈목우자가 이르되 하택신회는 지해종사라 비록 조계의

----

4   宇井白壽, 『禪宗史硏究』 제3, p.48.

5   鎌田茂雄, 앞의 책, pp.293-294.

적자가 되지 못하나 오해(悟解)가 고명하고 결택이 요연하다〉고[6] 하여 이점을 인정하고 있다.

종밀은 하택종, 북종, 홍주종, 우두종을 순서대로 그 대의를 논하고 해석한다. 이것을 표로 요약 정리해 보면 다음과 같다.[7]

| 표6. |

	見解	修行論	摩尼珠喩	頓漸
荷澤宗	空寂靈知	無念爲宗	明珠是能顯體	先頓悟後漸修
北宗	一切皆妄	伏心滅妄	離黑覓珠	漸修全無頓悟
洪州宗	一切皆眞	信任情性	黑是珠	頓悟全無漸修
牛頭宗	一切皆無	伏心不起	明黑都無	半頓無虧漸修

하택종은 모든 법은 꿈과 같다. 외적인 대상들도 공하며 마음도 텅비어 있다. 그러나 텅 빈 이 마음은 공적(空寂)하면서 본지(本知)를 가지고 있다. 수행은 무념을 종으로 삼고 마니주의 그 자체와 작용을 함께 보며, 먼저 돈오하고 나중에 점수함을 특징으로 한다.[8]

북종은 신수계통의 선파로 모든 중생들은 본래적인 불성을 가지고 있다고 믿고 있다. 그런데 이 불성의 거울은 무시이래의 습기와 번뇌로 인하여 뒤덮여 있기 때문에 거울의 먼지를 털고 닦듯이 잘못된 생

----

6   節要, 앞의 책, p.103.

7   宗密撰, 『中華傳心地禪門師資承襲圖』, (『續藏』 110.870.上.; 875.中) 「節要」, 知訥記, 앞의 책, pp.103-115.

8   위의 책, p.104.

각을 없애야한다고 생각한다.[9] 그래서 종밀은 『선원제전집도서』에서는 이런 수행을 잘못을 쉬고, 마음을 닦는 종파[息妄修心宗]이라고 부른다.[10]

우두종은 반야계통의 사상을 잇고 있는데, 모든 법은 공하여 꿈과 같다. 본래적으로 아무 것도 존재하지 않기 때문에 닦고 끊을 것이 없다.[11] 그래서 종밀은 『선원제전집도서』에서는 우두종을 모든 것을 없애고, 어디에도 의탁하지 않는 종파[泯絶無寄宗]라고 부른다.[12]

홍주종은 모든 마음의 작용이 곧 그대로 불성의 작용이라고 생각한다. 걷고 말하고 성내고 기뻐하는 마음이 그대로 불성이라고 믿는다.[13] 그래서 종밀은 『선원제전집도서』에서는 곧장 심성을 드러내는 종파[直顯心性宗]이라고 부른다.[14]

마지막으로 종밀은 하택종의 입장에서 다른 선파들의 가르침을 비판한다. 북종의 오류는 마음에 본래부터 번뇌가 없고 청정하다는 것을 깨닫지 못하고 있다고 보고 있으며, 우두종은 모든 것을 무로 여기기 때문에 참된 마음의 작용을 보지 못한 약점이 있다고 말하고, 홍주종에 대해서는 모든 것이 불성의 작용이라는 점은 수승할지는 몰라

---

9   위의 책, p.105.

10 『禪源諸詮集都序』 卷上二, (『大正藏』48,402.中)

11 『節要』, 앞의 책, p.106.

12 『都序』, 앞의 책, 48,402.中.

13 『節要』, 앞의 책, p.105.

14 『都書』, 앞의 책, 48,402.中.

도 범부와 성인의 구별이 사라지는 모순을 내포함을 지적한다. 이것은 물의 습성이 배를 건네주는 유용한 면과 배를 뒤엎는 파괴적인 면을 가지고 있는데 이 차이를 모르고 한 쪽만 보는 경우와 같다고 비판한다.

종밀은 하택종과 홍주종이 모두 참된 마음[眞心]의 성품에 기초한 선파임을 인정하여, 『선원제전집도서』에서 모두 곧장 심성을 드러내는 종파[直顯心性宗]로서 성종에다 분류하고 있다. 그럼에도 불구하고 종밀은 홍주종의 교의와 선법을 강하게 비판하고 나선다. 이것은 중국 사상사에서도 중요한 의미를 가지는데, 훗날 송의 주희(朱熹, 1130-1200)에 의해서 홍주종이 주류를 이룬 선종을 공격하는 논리적인 근거가 되기도 했다.[15]

종밀이 『절요』나 『선문사자승습도』에서 논의되고 있는 하택종의 교의가 홍주종보다 우월한 이유를 정리하면 다섯 가지 정도로 정리하고 있다. 심재룡은 「The Philosophical Foundation of Korean Zen Buddhism」라는 논문에서 홍주종과 하택종의 차이점을 자성본용과 수연응용, 비량과 현량, 돈오와 점수라는 세 가지 관점에서 정리하고 있다.[16] 그리고 가마다(鎌田茂雄)는 『宗密教學の 思想史的 研究』에서 그 차이점을 영각과 지, 진공과 묘유, 자성본용과 수연응용, 비량과 현

---

15 柳田聖山, 앞의 책, p.122.

16 Jae Ryong shim, 「The Philosophical Foundation of Korean Zen Buddhism: The Integration of Son and kyo By Chnul」,(the University of Hawaii, 1979.) p.88.

량 네 가지를 시점에서 설명한다고 했다.[17] 심재룡은 영각과 지, 진공과 묘유의 관점을, 가마다(鎌田茂雄)는 돈오와 점수의 관점을 제외시키고 있다.

첫 번째의 영각과 지의 차이점에서 홍주종의 영각은 모든 마음작용을 불성이라고 함으로써, 미혹된 자나 어리석은 자 그리고 마음이 무기(無記)일 때를 다 통하지 못하는 약점이 있음을 지적한다. 또한 종밀은 '머문 바가 없는 마음의 바탕은 신령한 앎으로 어둡지 않다[無住心體 靈知不昧]'는 화엄종의 징관(澄觀)의 '심요전(心要牋)'[18]을 인용하여 '본지(本知)'의 정당성을 강조한다.

두 번째는 진공(眞空)과 묘유(妙有)의 관점이다. 가르침[敎]에는 보냄[遣]과 드러냄[顯]의 두 문이 있고, 그리고 뜻에는 진공과 묘유가 있는데, 홍주와 우두는 오직 보냄과 진공만을 얻을 이야기할 뿐이다고 말한다.

세 번째로 종밀은 진심의 본체를 자성본용과 수연응용으로 나누어 설명한다. 거울의 바탕처럼 마음이 항상 적지(寂止)함은 자성체요, 거울의 밝음처럼 마음이 항상 '知'함은 자성용이요, 거울에 그림자가 나타나듯이 마음이 능히 말하고 분별하는 것은 수연용이다. 홍주종이 말하고 분별하는 작용을 성품이라고 하기 때문에, 홍주종은 수연용만

---

17 鎌田茂雄, 앞의 책, p.385.

18 鎭國大師澄觀이 황태자가 心要에 관한 물음에 답한 글. 국사가 편지로써 답하였기 때문에 心要牋이라고 함. 李智冠, 『四集私記』, p.417.

을 알고 자성용을 결여하고 있는 것이다. [19]

네 번째는 불성을 인식하는 차이점으로, 홍주종은 언어문자나 견문 각지가 그대로 불성이기 때문에 마음을 직접적으로 지시할 수 없고, 하택종은 마음의 체가 능히 지인 까닭에 지가 곧 마음이다. 그러므로 직접적인 인식인 현량으로 나타냄이라고 말한다.[20]

다섯 번째로 홍주종에는 점수가 결여되었음을 비판한다. 사람에게 는 돈오와 점수의 두 문이 있는데, 홍주종은 비록 돈오문에 가까우나 탐진자선(貪瞋慈善)이 다 불성이라고 함으로써, 온전하게 적실하지 못 하고 점수문을 어겼다고 말한다. 오직 하택종만이 돈오와 점수의 양 측면을 모두 만족시켰다고 말한다.[21]

이상의 종밀의 사선종파에 대한 이해가 정확하다고 엄격하게 말할 수는 없지만, 당시의 다양한 선파와 그 논쟁의 양상을 전해주고 있으 며, 또 무엇이 선종의 중심 과제인가에 대한 인식도 깊게 했다고 평가 된다. 종밀은 선종의 분류 기준으로 법과 근기를 제공하고 있다. 아마 도 이것은 선이 실천의 철학이기 때문에, 당연히 근기라는 실천의 주 체와 그 실천의 철학적인 근거인 법의 문제가 중요한 과제가 되었다 고 여겨진다. 그리고 무엇보다도 종밀은 하택신회의 입장에서 여러 선종파를 분류하여 비판하다보니, 다소 종파적인 편견이 있을 수밖에

---

19 앞의 책, p.115.

20 앞의 책,

21 앞의 책, p.107.

없었다.

2) 사선종파에 대한 보조의 평가와 입장

보조는 종밀에 비하여 한발 물러나 중국과는 전혀 다른 상황아래에 있었기에 보다 객관적인 입장을 견지하면서, 사선종파을 평가하고 수용할 수 있었다고 여겨진다. 종밀의 심성론과 돈점론을 보조는 〈정확하고 명료한 이해〉로 평가하고 수용한다. 그러나 종밀의 경우처럼 하택종의 입장에서 일방적으로 사선종파를 비판하지는 않는다. 보조는 매우 융통성 있는 입장에서 객관적으로 평가한다.

보조는 북종에 대해서 이 견해에 빠지지 말기를 권한다. 잘못됨[妄]을 떠나서는 참됨[眞]을 구하지 말며 잘못됨[妄]을 참됨[眞]으로 알지 말라고 말한다. 만약 잘못됨이 성품으로부터 일어남을 알기만 하면 일어남은 곧 일어나지 않음[起卽無起]이다고 말한다. 즉 지금 여기의 자리[當處]가 고요하다면 참됨과 잘못됨[眞妄]의 이견(二見)이 없다고 말한다. 종밀의 북종선 비판과 비교할 때, 종밀은 물듦과 깨끗함[染淨]이란 연기(緣起)의 모양[相]이라고 단순하게 비판이지만, 보조는 깨끗함과 물듦[染淨, 眞妄]이 성품을 따라 발생한다고 하는 성기설(性起說)의 입장에서 북종을 포섭한다. 물론 보조는 연기설을 성기설과 구분하면서 연기설을 비판한다.[22]

우두종에 대해서는 그른 것만을 파하고 그 옳음을 나타내지 못하는

---

22 인경, 『화엄교학과 간화선의 만남』, (서울: 명상상담연구원, 2006), pp102-123.

약점이 있다고 평가한다. 그러나 공의 함정[空亡]에 빠질 위험이 있는 가르침이지만, 대상을 지칭하는 말에 집착하는 마음의 눈병을 없애준다면, 이것 역시 유용한 가르침이라고 말한다. 종밀이 단순히 우두종이 일체가 무인 도리만을 설한 약점만을 언급한 데 반하여, 보조는 우두종의 강점을 수용하고 있다.

홍주종에 대해서는 보조는 탐애와 자선이 모두 불성이라고 보는 각자가 경험하는 측면에만 편국할 위험이 있음을 지적한다. 그러나 선악의 본성은 공하여 결코 얻는 바가 없다는 것을 알아 보충된다면, 늘 종일토록 마음을 써도 무심하여 사견에 빠지지 않는다고 말한다. 즉 종밀처럼 홍주종의 단점을 엄격하게 공격하지 않고 그 약점을 보완해주는 대안을 제시하는 것이다.

마지막 하택종에 대해서는 밝고 정확하다고 긍정적으로 평가하고 적극 수용한다. 그러나 종밀과는 다르게 보조는 하택종의 약점을 매우 날카롭게 지적하고 있다. 하택종의 강점은 논리적인 측면에서 매우 완벽하다는 것인데, 그러나 한갓 지해로만 이해하고 회광반조의 '법미(法味)'를 친히 맛보지 못한다면, 뜻을 얻을 수 없다고 말하여 실천을 강조한다. 이것은 이후 하택종에 대한 비판을 의식한 것으로 보인다.

이렇게 보조의 사선종파에 대한 평가에서 보여주는 보조의 태도는 종밀의 경우와 다른 모습을 보여준다. 우선 공통점은 함께 하택종의 입장에서 사선종파을 평가한다는 것이다. 그러나 종밀은 하택의 입장에서 다른 선파를 비판에 초점을 맞추지만, 보조는 각각의 선파가 가지는 장점과 단점이 있기 때문에, 조건에 따라 적당하게 수행의 문에서 폭넓게 활용할 수 있다는 매우 실용적인 입장을 보여준다.

또한 보조는 객관적인 입장에서 종밀의 사선종파에 대한 분석을 반박하는 이들의 견해에도 귀 기울였는데, 이것은 보조의 융합과 회통을 중시여기는 철학적인 태도라고 할 수 있겠다.

송나라의 각범(覺範, 德洪禪師, 1071-1128)은 『임간록』[23]에서 종밀의 과실을 비판하고 우두종와 홍주종를 드러낸다. 종밀이 홍주종 계통인 마조의 도가 검은 색이 그대로 곧 마니주 구슬이라는 흑시주(黑是珠)라고 해석한 것은 크게 잘못되었다고 말하고, 잘못됨이 곧 그대로 참됨을 밝힘[卽妄明眞]은 방편이라고 주장한다. 돈법(頓法)을 곧장 얻지 못한 무리의 견해일 뿐이라고 일축한다.[24] 또 종밀이 우두종을 검은 것[黑]마저 없다고 하는 것은 역시 잘못이다고 말한다. 공은 전제(前際)의 공으로 분명하게 경계를 비추어보고 그 비춤을 따라 그으하게 본원에 계합한다면 종횡으로 얻는 바[無得]가 없어 최미(最微)요 최묘(最妙)라고 역설한다.[25]

이런 반론은 사선종파의 각 입장에 대한 보조의 평가에서 보듯이,

---

23 李智冠, 앞의 책, p.419, 『林間錄』은 宋나라 惠洪이 禪門中의 高德의 嘉言과 善行을 기록하고, 또 贊寧의 高僧傳의 잘못된 곳을 고증한 二卷을 말함.여기에 洪覺範이 私集함.

24 위의 책, p.420.

25 같은 책.

보조는 선교방편으로써 긍적적으로 수용하고 있다.

> 이는 고인이 근기를 대하는 문 가운데 각각 선교방편이 있음이니,
> 가히 말을 따라 망녕되게 피아의 견해를 내지 말고 마땅히 이 명
> 경을 가져 자심을 비추어보아 사정을 결택하고 정혜를 쌍수하야
> 속히 보리를 증득할지어다.[26]

종밀이 사선종파의 득실을 가려 밝힘은 각각의 종지를 잘못 이해하
거나 단순화시키는 위험이 있는 것도 사실이다. 각범도 종밀을 비판
하면서 후학의 마음을 편국하게 하여 미혹시킬까 두려운 연고라고 한
다. 반면에 보조는 어느 쪽에도 집착하지 않는 일심의 중도에서 단지
정혜를 쌍수하여 속히 보리를 증득할 것을 바라고 있는 것이다. 중요
한 것은 각 사선종파의 견해가 아니라, 자심을 비추어보아 바름과 잘
못됨을 결택하여 정혜쌍수에 의해 보리를 이루는 것이다. 다시 말하
면 종파적인 논쟁이 중요한 것은 아니지 않는가 하는 것이다.

결국 이상으로 선사종파에 대한 보조의 견해는 두 가지로 요약된다.
하나는 정혜쌍수라는 관점에서 보조는 사선종파의 견해들을 통합하
여 회통시키고 있다는 점이다. 물론 종밀로부터 영향 받은 바는 실로
대단하지만, 보조는 종밀과 동일한 하택종의 입장에서만 선종의 여러
종파를 평가하지는 않고 있다는 것이다.

두 번째는 보조는 사선종파 중 어느 한파의 입장이 절대적으로 옳

---

26 『節要』, 앞의 책, p.115.

다고 결코 보지 않는다는 점이다. 어느 입장이든지 유용한 선교방편이 될 수 있다는 매우 실용적이고 융통적 태도를 취한다. 다시 말하면 교설이 중요한 것이 아니라, 상황과 근기에 따라 그 교설의 적절한 실천이 중요한 것이다.

2   정혜와 경절문(徑截門)

1) 경절문의 의미

보조는 『권수문』에서 북종적인 관점과 유사한 방편적인 대치의 의미로 정혜의 개념을 사용하지만 『수심결』에서는 하택종의 관점인 자성정혜의 입장을 보여준다. 그러나 보조는 『절요』에서 정혜의 입장에서 사선종파의 견해를 통합하면서도, 또 다른 정혜관을 다시 제시한다. 그것은 바로 경절문에서의 정혜이다.

먼저 경절의 의미를 살펴보자. '경절'이란 자구적인 의미는 '가로질러 간다'는 뜻인데, 선가의 말로는 '일체의 언어, 의리분별, 사량 등의 정식적 사고활동을 초월하여 심지의 본체에 직접 계합한다는 뜻이다.'[27] '경절문'의 의미는 사량분별을 단박 끊어내고 심지의 본체에 들어가는 수행의 한 방법을 뜻한다고 볼 수 있다. 보조는 『간화결의론』에서는 경절문의 요청근거를 다음과 같이 쓰고 있다.

----

27 李鍾益, 앞의 책, p.242.

십종병(十種病)이 증오(證悟)를 구하는 마음에서 근원이 되었기에 이 장애는 성기의 덕의 일종이다. 고로『원각경』에 이르시되, 일체의 장애가 곧 구경각이니, 득념과 실념이 해탈 아님이 없다는 등은 의리가 비록 가장 수승하고 묘하나 이것은 식정인 문해와 사상의 량(量)인 까닭에 화두(話頭)를 참구하여[參詳] 바로 꺾어 깨달아 들어가는 문에서는 간택하는 불법지해(佛法知解)의 병이다.[28]

여기서 경절이란 '바로 꺾어 깨달아 들어가는' 문이란 의미임을 알수가 있고, 경절의 대상은 '식정으로 듣고 이해하고 사량하는 것'임을 추론할 수가 있다. 그리고『절요』에서는 세 번에 걸쳐서 '경절문'에 관하여 언급한다.[29] 그것은 다음과 같다.

간략하게 종사의 말을 인용하여 경절문의 언구로써 지해의 병을 세척하여 참선하는 이들로 하여금 출신하는 한 가닥의 활로가 있음을 알게 하노라.[30]

그러나 만일 한결같이 말에 의지하여 몸을 바꾸지 못하고 온종일

---

28 『看話決疑論』, 앞의 책, p.91, '所言十種病 以求證悟之心爲本 旣云此障 ...(중략)... 此全明性起之德故 敎中亦云 一切障得 卽究竟覺 得念失念 無非解脫 等是也 然此義理雖最圓妙 摠是識情聞解思想邊量 故 於禪門話頭參詳 徑截悟入之門 一一全揀佛 法知解之病也'

29 『看話決疑論』에서도 마찬가지로 여러 곳에서 사용하고 있다. '徑截門活句', '禪門話頭 參詳徑截悟入之門'등.

30 『節要』, 앞의 책, p.103, '略引本分宗師 徑截門言句 要令澣余知見之病 知有出身活路爾.'

관찰하나 지해에 얽매여서 휴헐하지 못하는 까닭에, 다시 이제 말을 여의고 단박 지해를 잊도록 하노니, 비록 종밀에 의해서 숭상한 바는 아니나, 참선하는 이들로 하여금 출신하는 한가닥의 활로가 있음을 알게 하노라.[31]

의론하지 않고 오직 부처님의 지견만을 달하게 한다고 하심이 이것이다. 이 무심으로 도에 합함도 또한 경절문에 얻어 듦이니, 화두를 드는데 내린 방편은 묘밀하여 가히 다 말할 수 없다. 다만 지음 만나기가 드물다.[32]

이상의『절요』에서 사용하는 '경절문'의 의미는 1) 화두를 듦으로써, 2) 단박 지해의 병에서 벗어나, 3) 활로에 드는 무심합도문(無心合道門)이라고 정의 할 수 있다. 경절문의 중요한 수행방법은 화두를 간하는 것이다. 화두로서 지해의 병을 세척하여 무심의 활로에 들어간다고 할 수 있다. 이 '경절'이란 낱말은, 활구의미(活句意味)로는『대혜보각선사어록』권제십사[33]에서, 학문을 익히는 습학(習學)과 학문을 끊는 절학(絕學)을 지나 참된 수행의 과정인 진과(眞過)로서의 의미를 뜻하

----

31 위의 책, p.159. '然 一向依言生解 不知轉身之路 雖終日觀察 轉爲知解所縛 未有休歇時 故 更爲今時衲僧門下 離言得入 頓亡知解之者 雖非密師所尙 略引祖師禪知識 以徑截方便 提接學者 所有言句 係於此後 令參禪峻流 知有出身一條活路耳.'

32 위의 책, p.123. '此無心合道 亦是徑截門得入也. 其 看話下言 方便妙密 不可具陳 但罕遇知音爾.'

33 『大慧普覺禪師語錄』卷第14, (大正藏47.870.中) '使得來七顚八倒 將他古人徑截處'

는데, 대혜의 스승인『불과원오선사벽암록』권제오[34]에서도 쓰이고 있다. 그러나 수행의 한 가지 방법을 의미하는 바의 '경절문'이라는 용어는 〈한국의 조계종, 특히 보조 이후 조선조에서 사용되었을 뿐〉[35]이라는 사실에 주목할 필요가 있다.

일반적으로 보조의 수행론은 삼문으로 요약된다. 이것은 김군수가 기술한 보조국사의 비문에 근거한 것이다. 〈개문(開門)하여 삼종이 있으니, 성적등지문(惺寂等持門)이요, 원돈신해문(圓頓信解門)이며, 경절문(徑截門)이다.〉[36] 이 삼문은 일시에 논리적으로 체계를 세운 것이 아니라, 보조 자신의 생애를 통해 종교적 체험이 자연스럽게 표현된 것으로 보여진다. 그리고 보조 자신은 삼문에 관한 체계적인 관심을 표방한 적이 없기 때문에, 일반적으로 알려진 보조의 삼종문 시설은 오히려 〈비문의 찬술에 자료를 제공한 보조의 고제인 혜심(慧諶)의 보조선에 대한 이해와 평가〉[37]로 여겨진다.

비문에 의하면 보조는 생애를 통하여 세 번의 종교적인 체험을 하게 된다. 첫 번째는 보제사의 담선법회를 끝내고 남쪽으로 내려와 창평 청원사에 머물러 있을 때이다. 하루는『육조단경』을 읽다가, 〈진여

----

34 『佛果圓悟禪師碧巖錄』卷第五, (大正藏48.181.下) '雖然總是 全機大用處 俱不如禾山 解打鼓 多少徑截'

35 韓基斗,『韓國禪思想研究』, (서울: 일지사,1992),p.410.

36 普照國師碑銘, 앞의 책, p.420.

37 金浩星, 慧諶 禪思想에 있어서 敎學이 차지하는 意味,『普照思想』제7집, (서울, 불일 출판사,1993), p.106.

자성이 생각을 일으켜 육근이 비록 견문각지하나 만상에 물들지 않고 진성은 항상 자재한다.)[38]는 대목에서 큰 기쁨과 놀라움을 경험하였다. 이것이 『육조단경』에 중심을 둔 성적등지문(惺寂等持門)이고, 정혜결사운동의 기본적인 바탕을 이루었다고 평가한다. 두 번째의 경험은 하가산 보문사에 있을 때로 이통현의 『화엄론』을 열람을 통해서 원돈신해문(圓頓信解門)을 형성하였다. 〈중생의 분별성이 곧 불동지불이며 마음의 무명분별이 곧 보광명지임〉[39]을 깊이 자각하여 선문의 본지를 더욱 깊이 체험하게 되었다. 세 번째는 지리산 상무주암에서 『대혜어록』을 읽다가, 〈선은 고요한 곳에도 어지러운 곳에도 일상의 복잡한 곳에도 사량분별을 일삼는 곳에도 없다. 그러나 바로 이곳을 떠나 따로 얻을 수 있는 것도 아니다. 참구하여 홀연히 눈이 열리면 모두 자기 집안일이다〉[40]라는 대목에 이르러서, 마침내 계속적으로 괴롭히던 정견(情見)을 말끔히 떨쳐냈다. 이것으로써 보조는 41세에 지해지병(知解之病)을 세척하는 간화경절문(看話徑截門)의 선사상을 확립하게 된 것이다.

이렇게 삼문의 형성은 일시에 이루어진 것이 아니라, 그의 생애를 통하여 계속적인 탐색의 과정에서 자연스럽게 형성된 것으로 보여진다. 그러나 삼문을 성적등지문 → 원돈신해문 → 경절문의 순으로 단

---

38 『普照國師碑銘』, 앞의 책, p.419.

39 『圓頓成佛論』, 앞의 책, p.69.

40 『大慧普覺禪師語錄』, 앞의 책, pp.893下 - 894上.

선적으로 파악하는 것은 옳지 않다고 본다. 지리산 상무주암에서 경절문을 이미 체험했지만, 43세에 조계산 수선사(松廣寺)로 와서 본격적으로 정혜결사적 방법이 적용되었다.[41] 그렇다고 〈전적으로 경절문의 간화선법이 사용되지 않았다〉[42]고 보는 것도 잘못이다. 당시의 사정을 잘 알려주는 최선의 '수선사중창기'에 의하면,[43] 절을 중창하고 낙성식을 하면서 120일 간의 경찬법회를 열었는데, 낮에는 『대혜선사어록』을 설하고 밤에는 좌선법회를 열었다고 한다. 보조가 수선사에 들어온 해가 43세인 1200년이고 그 후 본격적으로 결사가 시작되어 1210년에 입적했다. 그런데 최선의 중창기는 금(金) 태화(泰和) 7년(1207년)에 기록되었다. 그렇기 때문에 이 기록은 매우 신빙성이 있는 자료이다. 이것으로 볼 때, 당시의 수선사가 간화경절문의 수행법이 없었다고 하는 일부의 비판은 잘못됨을 알 수 있다.

성적등지문과 경절문 사이에는 서로 전혀 화합할 수 없는 방법으로 이해하기 보다는 보조는 양자의 상호보완이나, 사람이나 인연에 따라 유효적절하게 사용했다고 보여진다.

2) 정혜와 경절문

『절요』에서의 정혜는 『수심결』의 정혜등지를 그대로 다시 계승한

---

41 韓基斗, 앞의 책, p.359.

42 위의 책, p.359.

43 崔詵, 『修禪社重創記, 曹溪山松廣寺史庫』, (서울: 아세아문화사, 1983.), p.185.

다. 선정[定]과 지혜[慧]가 함께 있으면 바른 수행문이라고 한다. 〈선정과 지혜가 없으면 이것은 미친 망상[狂]이요 어리석음[愚]이고, 선정과 지혜 가운데 어느 한쪽으로 치우쳐 수행한다면 그것은 점문이며 함께 있으면 바른 수행[正門]이라고 한다.〉[44] 정혜가 함께 갖추어지지[等持] 않거나 혹은 정혜가 함께 운영하지[雙運] 않으면 옳지 않다. 보조는 여기서 선정과 지혜가 함께하지 못하고, 선후가 있고, 점차가 있는 북종적인 의미들 몇 가지 제시한다. 먼저 선정에 대한 정의들을 보면, 〈번뇌가 일어나지 않음[不起心]〉, 〈생각이 없고 닦음이 없어[無念無修] 흔적을 감추고 이치를 드러냄[拂迹顯理]〉 등이고 지혜에 대한 정의는 〈마음을 참구하고 마음을 관찰함[看心觀心]〉, 〈마음을 탐색하여 융합시킴[求心融心]〉, 〈마음을 알아서 텅 비고 고요함[知心空寂]이며〉, 〈지견의 무념[知見無念]〉 등이다. 그러나 이런 정의들은 다 선정과 지혜의 선후가 있고 점차가 있는 북종의 의미로서 닦는 모양마저 없는 돈종(頓宗)이 아니라고 말한다.

그러면 정혜를 쌍운한다는 의미는 무엇인가? 그것은 곧 〈적조(寂照)〉의 뜻이다. 〈만일 이르되 적조(寂照)와 혹은 지무념(知無念)이 곧 쌍으로 정혜를 밝히는 것이다.〉[45] 여기서 적조란 적과 조를 의미로서, 적(寂)은 번뇌가 공하여 고요하다는 뜻이고 조(照)는 비추어 본다는 뜻이다. 그러므로 정혜의 다른 이름이다. 무념을 안다는 것[知無念]도

----

44 『節要』, 앞의 책, p.120.

45 『節要』, 앞의 책, p.120. '若云寂照 或知無念 則雙明定慧也'

마찬가지의 의미인데, 무념은 선정을 나타내고 지는 지혜를 의미한다. 물론 여기의 지(知)란 『수심결』에서 말하는 영지(靈知)를 혹은 본지(本知)를 의미한다.

보조는 정혜와 관련하여 『권수문』에서는 '성성적적(惺惺寂寂)', 『수심결』에서 '공적영지(空寂靈知)'. 『절요』에서는 '적조(寂照)' 혹은 '지무념(知無念)' 등의 술어를 사용하고 있음을 알 수 있다. 이것들은 모두 다 긍정적인 표현들이다. 이러한 술어의 사용은 정혜에 관한 주체와 대상[能所]이나 남종과 북종의 이원화된 정혜의 이해를 경계하기 위함이다.

보조는 〈일미(一味)가 혼란함에 의해서 남북으로 나누어지고 주체와 대상의 능소(能所)가 생겨났다〉[46]고 본다. 남북은 중국의 선종에서 남종과 북종을 의미한다. 한 맛[一味]에는 남북이 있을 수 없다. 북종은 번뇌의 모양을 없애는데 몰두함으로써 성품과 모양의 구별을 첨예하게 만들었다. 그래서 존재한다고 믿는 모양을 닦아 성품을 드러내야 하는 대치적(對治的) 의미로 사용한다. 대치(對治)는 주관과 객관의 분리가 있는 것이다. 즉 여기에는 깨달음의 대상에 차이가 생겨난다. 능소(能所)라고 하는 것은 깨달음의 대상과 깨달음을 얻는 주체적인 의미가 있다. 깨달음으로 이끄는 주체[能悟]는 정혜이고 깨달음의 대상[所悟]는 성품이고 모양[性相]이다. 점종은 주체와 대상이 있는 이구정혜(離垢定慧)이며, 돈종의 자성정혜는 주체와 대상이 없다. 돈종에

----

46 앞의 책, p.119. '自一味汨亂 南北分流 於能詮所詮 成定慧兩學'

서는 정혜가 곧 성품 그 자체이기 때문에 주체가 곧 대상이고 대상이 곧 주체가 되는 까닭에 주체와 대상[能所]의 구별이 사라진다. 다시 말하면 행위의 주체인 실체[名辭]가 존재하지 않기 때문에 성성적적(惺惺寂寂), 공적영지(空寂靈知), 적조(寂照)와 같은 술어(述語)로써 이름하는 것이다.

그런데 정혜와 경절문(徑截門)과의 관계에 대해서 보조는 두 가지의 서로 상반되는 입장을 『절요』에서는 보여준다. 하나는 점문(漸門)의 이구정혜(離垢定慧)가 아닌 돈문(頓門)의 자성정혜(自性定慧)에 한하여 경절문(徑截門)에 상통한다는 입장과 다른 하나는 경절문(徑截門)은 정혜의 명적(名迹) 마저도 없다는 입장을 동시에 보여준다.

> 선문에 눈썹을 드날리고 눈을 바라보는 작용을 이끌어 이르되 이는 정혜 두 가지 의미에 통한다 하시니...... 그러나 선문에 달한 자의 눈썹을 드날리고 눈을 깜박여서 도를 나타내는 작용은 본래 의리(義理)로 전할 바가 아니요, 달사가 서로 만나 글 밖에 서로 보아서 마음으로써 마음을 전하는 작용이다.[47]

정혜가 경절문에도 상통함은 '눈썹을 드날리고 눈을 깜박여서[揚眉瞬目]'도라고 칭할 땐, 그것은 닦음의 뜻으로 그 눈에 접촉함이 도임을 아는 것은 지혜 문에 해당되고, 마음이 그것에 당하는 바가 없게 함

---

47 『節要』, 앞의 책, p.122. '又引禪門 揚眉瞬目之作用 云此通定慧二義 ...(중략)...然禪門 達者 揚眉瞬目 現道之作 本非義理所傳 是達士相逢 文外相見 以心傳心之作用也'

은 선정 문이라고 할 수 있기 때문이다. 그래서 선문의 '양미순목(揚眉瞬目)'도 정혜이문에 통한다고 말할 수 있다. 이것은 글 밖의 마음으로 전해질 바지만 정혜를 분리하지 않고, 경절문의 선문에 수용하고 있는 입장이다. 그러므로 〈교 밖에 전하는 마음을 알지 못하고[不知敎外傳心之旨] 정혜를 설한다면[卽說定慧], 그것은 다른 사람들을 의미의 작용[義用]으로 떨어뜨리는 것으로, 신령한 기틀[神機]을 미혹하게 하는 일이 아니겠는가[則豈非令他於義用迷却神機耶])[48]고 말하는 것이다.

그러나 『절요』에는 정혜를 경절문으로부터 분리시켜 이해하는 반대되는 입장도 보인다.

> 다시 일문이 있어 가장 요긴함이 되니 이른바 무심이다. ...(중략)...자성정혜도 오히려 의용의 흔적이 남거늘 하물며 이구문이 어찌 이에 나아가겠는가...(중략)...이 무심으로 경절문에 얻어 듦이니 그 화두(話頭)보는 데 말씀을 내린 방편의 묘한 비밀은 가히 갖추어 베풀지 못함이로다. 다만 지음(知音)을 만나기가 드물다.[49]

성품이 청정하다거나 번뇌가 본래 공하다는 자성정혜도 화두를 참구하는 경절문에 오면, 의미의 작용[義用]의 흔적(痕迹)이다. 왜냐하면 청정이나 번뇌가 공이라는 마음이 여전히 남아있기 때문이다. 마음이

---

48 위의 책, p.122.

49 『節要』, 앞의 책, pp.122-123. '祖宗無心合道者 不爲定慧所拘也...(중략)...自性定慧 尙有滯於義用之迹 況離垢門 何詣於此哉...(중략)...此無心合道 亦是徑截門得入也 其 看話下語 方便妙密 不可具陳 但罕遇知音耳.'

있으면 완전한 안심을 얻었다고 할 수 없다. 〈이 무심으로 경절문에
드는〉 조사문에서는 〈이구정혜뿐만 아니라 정혜의 명적(名迹)도 없고,
자성정혜조차도 오히려 의용(義用)에 걸림이 있는 것이다.〉 이것은 언
어의 길이 끊어지고 뜻의 길도 끊어진, 의리(義理)로 전할 수 없는, 격
외전심(格外傳心)의 작용이다. 보조는 〈이 격외문(格外門)을 정혜의 밖
에 있는 무심합도문(無心合道門)〉[50]이라고 부르기도 하고, 이 〈조사의
문에 무심으로 도에 합하는 자는 정혜에 얽매인 바가 없다〉[51]고도 말
한다.

그러면 정혜에 얽매인 바가 없다는 것을 어떻게 이해해야 하는가?
정혜와 경절문의 관계를 단절로 보아야 하는가, 아니면 수용 혹은 포
섭으로 해석되어야 하는가?

이 문제에 관한한 보조의 저작 가운데 어디에도 직접적인 언급이
없다. 그런데 보조의 간화 경절문 등의 삼종문을 〈간화일문으로 수용
발전시킨 혜심에 의해서〉[52] 이 문제는 다시 대두된다. 정혜와 경절문
의 관계를 보여주는 '손시랑구어(孫侍郎求語)'라는 보조의 제자인 혜
심(慧諶)의 법어가 있다. 그것을 여기에서 인용하면 다음과 같다.

수행의 요점은 지관과 정혜를 벗어나지 않는다. 모든 법이 공함을
비추어보는 것을 관이라하고 모든 분별를 쉬는 것을 지(止)라고

----

50 『節要』, 위의 책, p.122. '禪門 又有修定慧外 無心合道門'

51 위의 책, p.123. '祖宗無心合道者 不爲定慧所拘也'

52 權奇悰, 「慧諶의 看話禪思想研究」, 『普照思想』 제7집, p.29.

한다. 지(止)는 망(妄)을 깨달아 멈추나 마음을 써 억지로 누르지 않고, 관(觀)은 망(妄)을 보아 깨달으나 마음을 내어 억지로 고찰하지 않는다. 대상에 대해서 부동하여 선정이나 제지하지 않고 성품을 보아 미(迷)하지 않으나 애써 구하지 않는다. 비록 이렇지만은 자신의 수행의 득력(得力)과 부득력(不得力)을 스스로 검토하여 가히 그 정도를 알 때에야 가능하다. 그러나 이 외에 간화일문(看話一門)이 있으니, 이것이 가장 빠른 길이다. 지관(止觀)과 정혜(定慧)도 모두 이속에 자연히 포함되어 있다.[53]

이 글의 요지는 모든 수행의 요점는 지관정혜(止觀定慧)라는 것이고, 간화일문(看話一門)은 지관정혜(止觀定慧)를 포함한다는 것이다. 문제는 마지막 부분인 〈이 외에 간화일문이 있으니, 이것이 가장 빠른 길이다. 지관과 정혜도 모두 이속에 자연히 포함되어 있다[此外有看話一門 最爲徑截 止觀定慧 自然在其中]〉라는 대목을 간화일문으로 정혜가 의미를 잃게 되는 '단절(斷絶)'인가, 아니면 정혜가 그 속에서 포함된 '연속'하는 것으로 이해해야 되는가, 학계에는 이 양 견해가 모두 존재한다.[54] 혜심에 의해서 판단한다면 혼침(昏沈)과 산란(散亂)을 성성적적(惺惺寂寂)으로 물리쳐야 한다는 입장에서 정혜를 간화선일문으로 포섭하고 있다고 해야 할 것 같다. 왜냐하면 화두(話頭)의 의심도 혼침(昏沈)과 산란(散亂)이 있다면 그 자체로 의미의 상실이기 때문이다.

----

53 『曹溪眞覺國師語錄』, 『韓佛全』6.40.'孫侍郎求語'

54 權奇悰은 看話禪을 강조하여 斷絶로 이해하고, 姜健基는 普照禪의 유기적인 관계를 중시하여 분리된 이해를 반대한다.(『普照思想』제7집 참조)

그러나 『절요』에서 보여주는 정혜와 경절문과의 관계는 이러한 상통의 입장도 있지만, 단절로 이해하는 경향도 매우 강하다고 생각된다. 〈이 격외문(格外門)을 정혜의 밖에 있는 무심 합도문(無心合道門)〉이나 〈조사의 문에 무심으로 도에 합하는 자는 정혜에 얽매인 바가 없다〉에서 말하는 '정혜 밖'이라든가 '정혜에 구속됨이 없음[不爲定慧所拘]'는 아무리 보아도 자구 그 자체로는 무심 합도문과 정혜를 분리하여 이해하고 있다고 판단할 수밖에 없다. 무심합도문이 '정혜에 구속되지 않는다'는 것은 혹 정혜를 내포하고 있다고 해석할 수도 있지만, '정혜 밖'이라는 표현은 정혜와 무심 합도문을 분리하고 있음이 분명하기 때문이다.

『절요』에는 혜심의 법어인 〈손시랑구어(孫侍郞求語)〉와 매우 유사한 사기(私記)가 있다. 여기에 인용하면 다음과 같다.

> 선정 이것은 자기 마음의 체요, 지혜 이것은 자심의 용이다. 정은 곧 혜인 까닭에 체는 용을 떠나지 않고 혜는 곧 정인 까닭에 용은 체를 떠나지 않는다. 모두 막은 즉 다 없고 함께 비추는 즉 다 있다. 체와 용이 서로 이루어 막음과 비춤에 장애가 되지 않는다. 이 정혜이문이 수행의 요이며 불조의 대지이며 경론에서 말한 바이다. 이제 선과 교에 의지하건데 다시 일문이 있다. 이것이 가장 성요(省要)함이니, 무심이라고 이른다.[55]

---

55 『節要』, 앞의 책, p.122. '定是自心之體 慧是自心之用 定卽慧 故 體不離用 慧卽定故 用不離體 雙遮卽俱泯 雙照卽俱存 體用相成 遮照無碍 此定慧二門 修行之要 佛祖大旨 經論同詮 今依祖敎 更有一門 崔爲省要 所謂無心'

혜심의 〈손시랑구어〉와 마찬가지로 먼저 쌍차쌍조(雙遮雙照)에 의거하여 정혜이문이 모든 수행의 요체임을 전제한다. 그러나 이런 전제도 불구하고 혜심은 〈이것 밖에 간화일문이 가장 바른 길이다[此外看話一門 最爲徑截]〉이라고 하였고, 마찬가지로 보조는 〈다시 일문이 있으니, 그것이 가장 요긴함이 된다[更有一門 最爲省要]〉라고 하여 별개의 일문을 세우고 있는 것이다. 그러면 『절요』에서 정혜와 경절문(徑截門)과의 관계에 대해서 보여주는 이 '양면적인 태도'를 어떻게 해석해야 하는가?

여기서 대답할 수 있는 것은 적당한 절충보다는 정혜가 경절문에 상통해 있는 측면과 전혀 분리되어 있다는 측면을 동시에 있음을 있는 그대로 이해하는 것이 바람직하다고 본다. 다시 말하면 양자간의 관계는 일률적으로 결정될 사정이 아니라, 사람의 이해에 따라 달리 나타나는 '인식현상'으로 파악함이 좋다고 본다. 경절문을 시설한 이유는 지해지병(知解之病)인데, 이것은 달리 말하면 근기의 문제이기도 하기 때문이다. 보조는 『절요』의 말미에서 경절문을 제시하는 이유를 다시 언급한다. 이것이 그의 정혜와 경절문과의 관계에 관한 그의 태도를 시사한다고 보여진다.

> 지혜에 얽매임이 커 휴헐하지 못할 경우....(중략)...간략히 조사선 지식이 경절방편으로써 학인들을 제접하는 언구를 이끌어서....(중략)...출신하는 한 가닥의 활로를 알게 함이다. [56]

---

56 위의 책, p.159. '知解所縛 未有休歇時...(중략)... 略引祖師善知識 以徑截方便 提接學

간화선 요청의 이유가 지해지병을 타파함인데, 상기의 인용은 서로 다른 근기의 존재를 전제한 위에서 이루어지고 있음을 보여준다. 어떤 이는 공적영지의 적조에서 곧장 무심합도문에 들어갈 수 있고, 또 어떤 이는 조사의 언구를 통해 활로를 열 수도 있다고 본다. 그러므로 정혜와 경절문과의 관계설정 문제에서 딱 정해진 법칙은 없다고 보는 것이다. 그것은 근기에 따라 다르다. 혜심의 표현으로 하면, 〈득력과 부득력처럼〉 각자가 스스로를 돌이켜 판단할 문제인 것이다. 반드시 간화일문이 최상위이라는 주장을 하지 않고 있다는 것이다.

者 所有言句...(중략)...知有出身 一條活路耳.'

VI

결론

결론

　보조의 선사상에 대한 연구는 그동안 꾸준히 진행되어 많은 연구
성과를 이루었다. 그러나 이제까지의 연구는 보조가 당시 고려불교의
타락상을 반성하고 새로운 승풍진작을 위하여 펼친 '정혜결사운동'의
사회, 역사적 의의를 밝히는 데 집중되어 있어 보조의 '정혜' 선사상을
총체적으로 조망하는 데 어려움을 갖는다. 그리고 보조 선사상에 관
한 철학적인 논의도 주로 돈오점수론애 한정되어 보조선에서 정혜의
의미가 중요한 위치를 차지함에도 불구하고 이것에 관한 철학적 연구
가 거의 없는 실정이다. 이에 본고는 보조의 정혜관을 중심으로 철학
적인 탐색을 위하여 그의 저작에 드러난 정혜관을 밝히고자 했다.
　정혜는 그 자체가 불교수행을 설명하는 하나의 술어이기 때문에, 그
것은 사상적인 관점에 따라 달리 해석될 수 있다는 전제 아래 저술에
따라 그 정혜관의 변천을 추적하여, 보조가 처한 당시의 역사적인 상
황과 종교적인 극복과정에서 보여주는 종교적인 체험, 전통적으로 전
수받은 정혜의 이해를 발전시킨 그의 독창성, 나아가서 정혜를 중심

으로 그의 선사상 체계를 재구성하고자 했다.

『권수문』은 역사적인 현장 안에서 반포된 선언문의 성격을 띠고 있기 때문에 단순히 개인적인 수준의 수행이 아니라, 역사적인 맥락 위에서 정혜도 이해된다. 그래서 필자는 『권수문』의 중심이념을 "밖으로 찾는 마음을 쉬고[定], 안으로 스스로 관찰로써 살피는 것[慧]"이라고 보고, 이것은 당시의 사회적인 혼란과 불교계의 병폐를 치유하는데 충분한 토대를 제공했음을 역사적인 측면과 사상적인 측면에서 논증했다. 정혜결사정신은 개인적인 수행이 강조되지만, 그것이 운동으로서 사회적인 성격도 함께 지니고 있음을 당시의 사회적인 상황과 불교계의 동향을 고찰함으로써 살펴보았다. 사상적으로는 『권수문』의 정혜관이 용수의 비판철학과 유사한 파사견(破邪見) 현정혜(顯定慧)의 중도정신을 가지고 있음을 보았다. 그러므로 역사적인 선언문의 성격을 가지는 『권수문』의 정혜는 자연히 대사회적인 방편적 대치(對治)의 의미를 가질 수밖에 없다. 그러나 『권수문』의 철학적인 기초를 용수의 중관사상이라고 단언할 수는 없다. 오히려 필자는 그 철학적인 기반을 기본적으로 용수의 비판철학을 내포하는 여래장사상에 기초하는 성종(性宗)의 입장에 있다고 보았다.

『권수문』이 정혜결사를 위한 대외적인 성격이 강하다면, 『수심결』은 정혜결사가 이루어진 이후 선문 내부의 수행지침서로서, 『권수문』에서 보여준 성종의 철학적인 입장을 더욱 심화시킨다. 『수심결』에서는 종밀의 본지사상에 영향받은 공적영지(空寂靈知)라는 성의 철학을 잘 보여준다. 견과 성의 관계설정에서도 단순히 양자는 동일하다는 '견＝성'의 홍주종적 해석보다는, 견은 일념회광의 작용이며, 성은 공적영지라고 해석한다. 그래서 일념회광의 수행과 공적영지의 증득은 서로 다른 별개의 사실이 아니기 때문에 수와 증, 행과 이가 원만하게 정혜에 함께 갖추어졌음을 밝혔다. 특히 보조는 정혜를 본체와 작용의 측면에서 해석함으로써 본체에서의 자성정혜와 점문의 이구정혜(離垢定慧)를 자성의 작용인 수상정혜(隨相定慧)라는 형태로 다시 수용함으로써, 정혜를 중심으로 한 선사상사에서 그의 독자적인 정혜관을 개척했음을 보았다.

『절요』에서는 북종, 홍주종, 우두종, 하택종의 교의를 분석하는 종밀의 견해를 먼저 검토하고, 다음으로는 보조의 사선종파에 대한 평가를 종밀과 비교 고찰했다. 종밀이 하택종의 입장에서 사선종파를 종파적인 관점에서 평가하고 있다는 인상이 깊은 반면에, 보조는 보다 객관적이고 실용적인 태도를 견지하면서 사선종파의 장단점을 잘 파악하여 상호 융통하는 탈종파적인 입장을 보여주었다. 이러한 통불교적인 경향은 정혜를 이해하는데도 마찬가지로 적용이 되는데, 특히 『절요』의 특징적인 정혜관은 『권수문』의 방편대치의나 『수심결』의 공적영지의같은 성종에 바탕을 둔 정혜의미가 의리선으로 오해될 수 있음을 보여줌으로써, 정혜의 이해에 전혀 또 다른 형태인 간화경절문적 의미를 제시한다. 이것은 격외문의 입장에서 정혜개념을 다시 한번 심화 총섭하는 형태인 것이다.

보조의 저술들에 나타나는 정혜관의 변천을 정리하면 다음과 같다. 『권수문』, 『수심결』, 『절요』 등의 저술을 기준으로 할 때, 보조의 정혜 이해는 각각 '방편대치의 → 정혜등지(자성정혜)의 → 경절문의'로 변천했음을 알 수 있다. 그러나 이것은 단선적인 변천이나, 상호 단절의 관계로 파악되지 않는다. 오히려 필자는 이것들은 점차로 심화되는 과정이며, 후자가 전자의 의미를 포섭하는 융섭관계로 파악한다. 각 저술들의 철학적인 특징을 말하면, 대외적인 목적으로 저술된 『권수문』에서 보여주는 정혜의 방편대치의는 용수의 비판철학적 경향이 엿보이고, 정혜결사가 본격적으로 이루어진 수선사라는 선문을 배경으로 저술된 『수심결』은 성종적 입장에 기초하며 특히 종밀에의 영향이 깊다. 보조의 저술 가운데 가장 오랜 시간동안 말년까지 심중한 검토를 했던 『절요』는 그 이전의 논의를 완결하면서도 간화경절문이라는 조사선의 진면목을 보여줌으로써, 정혜의 진정한 낙처가 어디에 있음을 보여준다.

이상 정혜를 중심으로 저술에 따른 보조지눌의 정혜관과 그 사상적인 배경을 알기 쉽게 정리하면 아래와 같다.

勸修定慧結社文 - 方便對治義 - 中觀思想
修心訣 - (自性)定慧等持義 - 性宗的 立場
法集別行錄節要幷立私記 - 看話徑截門義 - 祖師禪

이것은 정혜를 중심으로 재구성된 새로운 보조의 선사상 체계를 보여준다. 김군수가 찬한 보조국사의 비명에 의하면, 보조의 선사상은 성적등지문(惺寂等持門), 원돈신해문(圓頓信解門), 간화경절문(看話徑截門)이라고 하는 삼종문 체계로 대표된다. 보조국사의 비문에서 언급하고 있는 삼종문의 관점에 따라 보조의 저술들은 일반적으로 아래와 같이 분류한다.

惺寂等持門 −『勸修文』,『修心訣』,『節要』
圓頓信解門 −『華嚴論節要』,『圓頓成佛論』
看話徑截門 −『看話決疑論』,『節要』

이것은 본고에서 정혜를 중심으로 보조의 선사상을 재구성하여 드러난 선사상 체계와 비교할 때, 보조국사비문에 따른 삼종문적 해석은『권수문』,『수심결』,『절요』 등을 모두 성적등지에만 국한시켜 이해하고 있음을 알 수 있다. 그러나 이제 정혜를 중심으로 새로 구성된 보조의 선사상 체계에 의하면, 보조선에 관한 이런 기존의 단순한 이해는 수정되어야 한다. 정혜는 성적등지문뿐만 아니라, 원돈문에도 경절문에도 함께 포섭되는 유기적인 관계 아래 놓여있지, 다른 문들과 별개로 독립되어 이해할 수는 없다. 또 성적등지문에만 포함시키는『권수문』,『수심결』,『절요』 같은 보조의 저술도 이해하는 관점에 따라서는 원돈신해문이나, 간화경절문에도 포함시킬 수가 있다. 이것은 보조의 선사상이 매우 다양한 성격을 가지고 있음을 보여준다는 것이다. 어느 맥락, 어떤 조건 아래서 읽느냐에 따라 달리 해석될 수가 있다.

이상과 같이 보조의 정혜관은 매우 다양하여 어느 한 면만을 보고, 단정적으로 결정할 수 없다. 왜냐하면 보조선 사상체계의 주요 논점들은 상호유기적인 관계로 열려 있는 구조로써, 저술에 따라 혹은 상대의 근기에 따라 한가지만을 집착하지 않고 다양한 방법들을 제시하고 또 융섭하고 있기 때문이다.

참고문헌

1. 原典類

看話決疑論, 普照全書, (서울: 佛日出版社,1989)

高麗史, 亞細亞文化社, 1990.

勸修定慧結社文, 普照全書, (서울: 佛日出版社,1989)

大乘起信論, 大正藏32.

大乘入楞伽經, 大正藏16.

大慧普覺禪師語錄, 大正藏47.

法集別行錄節要并立私記, 普照全書, (서울: 佛日出版社,1989)

法集別行錄節要私記解, 韓國佛教全書9, (서울: 東國大學出版部,1982)

佛果圓悟禪師碧巖錄, 大正藏48.

佛日普照國師碑銘, 普照全書, (서울: 佛日出版社,1989)

禪源諸詮集都序, 大正藏48.

修心訣, 普照全書, (서울: 佛日出版社,1989)

阿毘達磨集異門足論, 大正藏26.

圓頓成佛論, 普照全書, (서울: 佛日出版社,1989)

六祖大師法寶壇經, 大正藏48.

雜阿含經, 大正藏2.

淨土論,大正藏47.

曹溪山松廣寺史庫, 亞細亞文化社, 1983.

曹溪眞覺國師語錄, 韓國佛教全書6, (서울: 東國大學出版部,1982)

肇論, 大正藏45.

中論, 大正藏30.

中華傳心地禪門師資承襲圖, 續藏經110.

眞心直說, 普照全書, (서울: 佛日出版社,1989)

Anguttara-Nikaya, ed. R.Morri and E.Hardy, 5Vols., PTS.

Samyukta-Nikaya, ed. L.Feer, 6Vols., PTS.

2. 著書類

金達鎭譯註, 眞覺國師語錄, 서울: 世界社,1993.

全海住, 義湘華嚴思想史硏究, 서울: : 民族社,1993.

김열권편저, 위빠사나, 서울: 佛光出版社, 1993.

金知見, 六祖壇經의 世界, 서울: 民族社,1989.

朴太源, 大乘起信論思想硏究, 서울: 民族社,1994.

方立天著, 劉英嬉譯, 佛敎哲學槪論 , 서울: 民族社, 1992.

佛敎史學會編, 高麗中後期佛敎史論, 서울: 民族社,1986.

佛敎史學會編, 高麗後期佛敎展開史硏究, 서울: 民族社,1992

田上太秀, 崔玄覺옮김, 인도의선 중국의 선, 서울: 民族社,1991.

鄭性本, 中國禪宗의 成立史硏究, 서울: 民族社, 1991.

칼루파하나, 박인성역, 나가르주나,서울: 藏經閣,1994.

柳田聖山著, 안영길譯, 禪의 思想과 歷史, 서울: 民族社, 1989.

李智冠, 四集私記, 海印叢林僧家學院, 1968.

蔡尙植, 高麗後期佛敎展開史硏究, 서울: 民族社, 1992.

필립 B. 얌폴스키, 연암종서옮김, 六祖壇經硏究, 서울: 經書院,1992.

韓基斗, 韓國禪思想硏究, 서울: 一志社, 1992.

李鍾益, 韓國佛敎の硏究, 東京: 圖書刊行會,1981.

이덕진, 「지눌연구의 어제와 오늘」,『지눌』(서울: 불일출판사, 2000)

인경,『몽산덕이와 고려후기 선사상 연구』(서울: 명상상담연구원, 2006)

인경,『화엄교학과 간화선의 만남』(서울: 명상상담연구원, 2006)

인경,『쟁점으로 살펴보는 간화선』(서울: 명상상담연구원, 2011)

宇井佰壽, 禪宗史硏究 제3권, 東京: 岩波書店,昭和41.

平川彰, 印度佛敎史, 東京春秋社, 1987.

松本史朗, 緣起と空, 東京: 大藏出版株式會社, 1989.

田中敎照, 初期佛敎の修行道論, 東京: 山喜房佛書林,平成5.

鎌田茂雄, 宗密敎學の思想史的硏究, 東京大學 東洋文化硏究所, 1975.

Kalupahana, NAGARJUNA, New York: satate University of New York, 1986.

Robert Buswell, the Korean Approach to Zen, Univ.df Hawaii press,1983.

T.R.V.Murti, The Centural Philosophy of Buddhism, Londen, 1960.

B.Buddhaghosa, The Path of Purification,Trs.by Nyanamoli,(Berkeley and London: Shambhala,1976)

Piyadassi Thera, Buddhist Meditation, The University of Colombo, SriLanka,1978.

3. 論文類

姜健基, 神秘Paradox를 통하여 본 知訥의 空寂靈知心,『韓國佛敎 學』7, (韓國佛敎學會, 1982)

------, 知訥의 定慧結社, 伽山李智冠스님華甲紀念論叢 韓國佛敎文化思 想史 上, (서울: 伽山文庫, 1992)

鏡日, 曹溪宗 成立史的 側面에서 본 普照,(서울: 普照思想研究 院,1987)

高翊晋, 普照禪의 定慧結社,『韓國의 思想』, 尹絲淳;高翊晋編(서울: 열음사, 1984)

------, 韓國 佛敎哲學의 源流와 展開,『哲學思想의 諸問題』IV, (서울: 韓 國精神文化研究院, 1986.10.)

權奇悰, 高麗後期佛敎와 普照思想,『普照思想』3, (서울: 普照思想研究院, 1989)

吉熙星, 知訥의 心性論,『歷史學報』93, (서울: 歷史學會, 1982)

------, 普照思想 理解의 解釋學的 考察,『普照思想』1, (서울: 普照思想研 究院, 1987),

金塘澤, 高麗崔氏武人政權과 修禪社,『歷史學研究』10, (광주: 全南 大學校 史學會, 1981)

金榮鎬, 中國과 티벳에서의 頓漸論爭에서 본 普照의 頓悟漸修: 그 會通的 意義,『普照思想』2, (서울: 普照思想研究院, 1988)

金浩星, 普照의 二門 定慧에 對한 思想史的 考察,『韓國佛敎學』14, (서울: 韓國佛敎學會, 1990)

------, 慧諶 禪思想에 있어서 敎學이 차지하는 意味,『普照思想』제7집, (서울: 佛日出版社,1993)

김 방룡,「정혜결사의 연구현황과 과제」『보조사상』20 (서울: 보조사상연구 원, 2003)

閔賢九, 月南寺址 眞覺國師碑의 陰記에 대한 一考察 – 高麗武臣 政權과 曹溪宗,『震檀學報』36, (서울: 震檀學會, 1973)

朴相國, 普照國師의 生涯와 著述,『普照思想』3, (서울: 普照思想研 究院, 1989)

박성배, 지눌의 돈오점수설과 퇴계의 사단칠정설의 구조적 유사 성에 대하 여: 수행론적인 해석,『普照思想』2, (서울: 普照思想研究院, 1988)

朴殷穆, 知訥의 敎育思想에 關한 研究, 이리: 圓光大學校 大學院 博士學位 論文, 1991

徐宗梵, 講院教育에 끼친 普照思想,『普照思想』3, (서울: 普照思想 研究院, 1989)

沈在龍, 普照禪을 보는 視角의 變遷史,『普照思想』1, (서울: 普照 思想研究院, 1987)

李箕永, 高麗後期의 民族思想,『韓國民族思想大系』中世 3,1974,

李鍾益, 普照著述의 書誌學的 解題,『普照思想』3, (서울: 普照思想 研究院, 1989)

------, 普照國師의 禪敎觀,『佛敎學報』9, (서울: 東國大學校 佛敎文化研究所, 1972)

------, 普照撰述의 思想槪要와 書誌學的 考察,『普照思想』1, (서울: 普照思想研究院, 1987)

李智冠, 知訥의 定慧結社와 그 繼承,『韓國禪思想研究』, (서울: 東 國大學校 出版部, 1984)

秦星圭, 高麗後期 修禪社의 結社運動,『韓國學報』36, (서울: 일지사, 1984)

蔡尚植, 高麗後期 天台宗의 白蓮社 結社,『高麗後期佛敎展開史研 究』, (서울: 民族社, 1992.)

------, 高麗後期 修禪結社 成立의 社會的 基盤,『韓國傳統文化 研究』 제6집, 1990.

崔柄憲, 定慧結社의 趣旨와 創立過程,『普照思想』5.6合, (서울: 普照思想研究院, 1992)

崔玄覺, 禪學資料論攷(I), (申法印스님 華甲紀念佛敎思想論叢, 1991,10)

韓基斗, 高麗佛敎의 結社運動,『朴吉眞博士華甲紀念韓國佛敎思想 史』, 1975.

------, 近代 韓國佛敎에 있어서 壇經의 受用과 그 援用,『六祖 壇經의 世界』, 金知見編,(서울: 民族社, 1989)

------, 東林結社의 思想的 源泉과 修禪結社,『普照思想』5.6합집, (서울: 普照思想研究院, 1992,

------, 普照禪의 本質構造,『普照思想』2, (서울: 普照思想研究院, 1988)

許興植, 普照國師碑文의 異本과 拓本의 接近, 季刊『書誌學報』9, (서울: 韓國書誌學會, 1993)

Jae Ryong shim,「The Philosophical Foundation of Korean Zen Buddhism: The Integration of Son and kyo By Chnu l」,(the University of Hawaii,1979.)

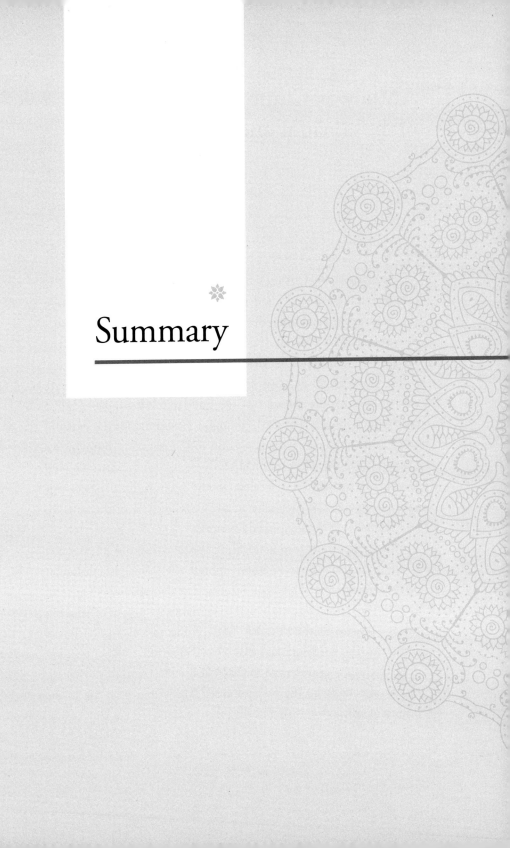

Summary

A Study on Chinul's thought of the samādhi and Prajñā

Khim Hyung Rog(Ven, In Kyung)

The study on Chinul's Sŏn(禪) thought have made steady progress and produced good results. But so far this studies were centered upon searching the meaning of the Religious society movement(結社運動) dedicated to the development of the samādhi(定) and Prajñā(慧) from a social or historical point of view in the Koryu(高麗) dynasty. The most philosophical studies were thrownlight on the thought of the Sudden awakening / Gradual cutivation approach(頓悟漸修). Though the meaning of the samādhi and Prajñā hold a improtant posiion in Chinul's Sŏn thought, we scarcely have the philosophical study on Chinul's Sŏn revolving around the samādhi and Prejna. In the philosophical aspect this study is intended to cast light on the Chinul's view of the samādhi and Prajñā which is mentioned his works.

Encouragement to practice(勸修門) was written in 1190 when Chinul was thrity-three to commemorate the formal establishment of the samādhi and Prajñā community. The community emerged as a reform movement which hoped to reestablish a proper orientation toward pratice in the samgha. This philosophical foundation is similar to the Mādyamika(中觀思想) of Nāgārjuna(龍樹). Not only does Nāgārjuna criticize the metaphysical conception of substancd, but he also takes up the psycholohist's fallacy that gave rise to the notion of self.

The general idea of Encouagement to practice is to break down the wrong views(破邪見) and to reveal the samādhi and Prajñā(顯定慧). This is just "critic" philosophy against dispersion and delusion.

Secrets on Cultivating the Mind(修心訣) is a guide to practice in the Sŏn sect. This was written to instruct the throngs coming to the newly completed su Sŏn sa(修禪寺). This philosophical aspect is based on the philosophy of the nature(性). That is to say, this mind of void and calm(空寂), numinous awareness(靈知) is called my original face. Chinul interpreted the original face as the samādhi of the nature(自性定慧) and the Prajñā of the performance(隨相定慧), specially the admited the samādhi and Prajñā of the gradual teachings that remove impurities(離垢定慧) as the relative samādhi and Prajñā. This made him a creative thinker in the history of Sŏn thought.

Chinul's three mayor spritual experiences guided his subsequent systemazatation of Buddhist doctrine. These experiences appear his works as three major approaches(三種法門) to Buddhist practice: the concurrent development of calmness and alertness(惺寂等持門), the faith and understanding of the complete and sudden teachings(圓頓信解門), and the shortcut hwadu method(看話徑截門). On the basis of this three major approaches, Chinul's view of the samādhi and Prajñā is included only the development of calmness and alertness. But the samādhi and Prajñā belongs in the faith and understandin of the complete and sudden teachings, and the shortcut hwadn method. Being grounded this study on the samādhi and Prajñā by the analytic method of Chinul's works.

This shows that Chinul's view of the samādhi and Prajñā is connected with the three major approaches, not stund alone. In Chinul's Sŏn thought does not apart form the other aspects but make a organic interrelationship concernig person and his works.

Experts fom the Dharma Collection(法集別行錄) and special

practice record with personal Notes(節要私記), Chinul's magnum opus, was written in 1209, and year before his death.

The record contains Tsung-mi(宗密) synopses of the views and practices of four representative schools of Middle Ch'an Buddhism. Chinul's personal notes focus on a discussion of the different faconomies of sudden and gradual approaches to enlightenment, the simultaneous development of smadhi and Prajñā, the proper approach to hwadu meditation, which first expounded in Korea by Chinul.

We can understand the sumultaneous development of samādhi and Prajñā in theoretical interpretations. Chinul present a new type of practice called the shorcut approach to remove the defects of conceptual understanding so that we can find the thing road which leads to salvation. This works show that his view of the samādhi and Prajñā changed from "expedient against dispersion and delusion(方便對治)" to "holding both calmness and alertness(惺寂等持)" and last "the shorcut approach(徑截門)".

『권수정혜결사문*』
역주

*(松) 萬曆三十六年 松廣寺重刊本, (雲) 雲興寺刊, (梵) 梵魚寺開刊 禪門
撮要所收本, (普) 呑虛譯解普照法語所收本.

1. 결사의 이념 동기

恭聞人因地而倒者 因地而起 離地求起 無有是處也 迷一心而起無
邊煩惱者衆生也 悟一心而起無邊妙用者諸佛也 迷悟雖殊而要由一心
則離心求佛者 亦無有是處也 知訥自妙年 投身祖域遍參禪肆 詳其佛
祖 垂慈爲物之門 要令我輩休息諸緣 虛心冥契 不外馳求 如經所謂若
人欲識佛境界 當淨其意如虛空等之謂也 凡見聞誦習者 當起難遇之
心 自用智慧觀照 如所說而修則可謂自修佛心 自成佛道而親報佛恩
矣 然 返觀我輩 朝暮所行之迹 則憑依佛法 裝飾我人 區區於利養之途
汨沒於風塵之際 道德未修 衣食斯費 雖復出家 何德之有.

공손히 듣건대, '땅에서 넘어진 사람은 땅을 딛고서 일어난다.'[1]고
하였다. 땅을 떠나서 일어서려는 것은 옳지 않다. 한마음을 미혹하여
가없는 번뇌를 일으키는 자는 중생이며, 한 마음을 깨달아 끝없는 묘
용(妙用) 일으키는 이는 부처이다. 미혹과 깨달음이 비록 다르지만 결
국은 모두 '한마음'에서 비롯된 것이다. 마음을 떠나서 부처가 되려는
것은 또한 있을 수 없다.

내 [知訥]가 어려서부터 선종[祖域]에 투신하여 선방[禪肆]을 두루
참방하며 불조(佛祖)께서 중생을 위해 자비를 나투신 가르침을 상세
히 살펴보니, 결국은 우리들로 하여금 모든 인연을 끊고 마음을 비워
서 가만히 계합하여 밖에서 찾지 않게 한 것이다. 이는 '부처의 경계

---

1 『新華嚴經論』(高麗藏,36,345,a) (大正藏,36,812,b) "總不自知有性無性 如人因地而倒因
   地而起 一切衆生因自心."

를 알고자 하거든 자신의 마음[意]을 허공과 같이 청정하게 하라.'²는 경전의 말씀과 다르지 않다.

경전을 보고 듣고 암송하고 익히는 사람이라면 누구나 불법(佛法)을 만나기 어렵다는 마음을 일으켜 스스로 지혜로써 밝게 비추어 보아[觀照] 말씀대로 닦아야 한다. 그렇게 하면, 스스로 불심(佛心)을 닦으며 스스로 불도(佛道)를 이루어 불은(佛恩)에 직접 보답했다고 할 만하다. 그러나 우리들이 아침·저녁으로 행한 자취를 돌이켜 보면 불법을 빙자하여 나와 남[我人]³을 구별하고 재물을 탐내는 길에서 바쁘고 욕망의 티끌 세계에 골몰한다. 도(道)와 덕(德)은 미처 닦지 않은 채 옷과 밥만 이처럼 축내고 있으니, 비록 다시 출가(出家)하더라도 무슨 공덕이 있겠는가!

噫 夫欲離三界 而未有絶塵之行 徒爲男子之身 而無丈夫之志 上乖弘道 下闕利生 中負四恩 誠以爲恥.知訥 以是長歎 其來久矣 歲在壬寅正月 赴上都普濟寺談禪法會 一日 與同學十餘人 約曰罷會後 當捨名利 隱遁山林 結爲同社 常以習定均慧 爲務 禮佛轉經 以至於執勞運力 各隨所任而經營之 隨緣養性 放曠平生 遠追達士眞人之高行則豈不快哉

----

2 『大方廣佛華嚴經』(高麗藏,8,736,c) (大正藏,10,265,b) "若有欲知佛境界 當淨其意如虛空 遠離妄想及諸取 令心所向皆無礙."

3 我人: 나와 他人을 가리킨다. 我의 4名 가운데 둘을 말한다.『원각경』에 '일체 중생이 無始로부터 지금까지 망상에 집착되어 我와 人과 衆生과 壽命의 4顚倒가 實我의 體가 된다고 알고 있다.'하였다.

아, 대저 삼계(三界)⁴를 여의고자 하면서도 정작 번뇌를 끊는 수행은 하지 않으니 몸만 남자일 뿐 장부의 뜻은 없도다! 위로는 도를 넓히는데 어긋나고 아래로는 중생을 이롭게 하지 못하며, 가운데로는 네 가지 은혜[四恩]⁵를 저버렸으니 참으로 부끄럽도다.

내가 이 점을 길게 탄식해 온 지 오래 되었다. 임인년(壬寅年)⁶ 정월에 개성(開城) 보제사(普濟寺)의 담선법회(談禪法會)⁷에 올라갔다. 하루는 도반 십여 명과 더불어 약속하기를, '이 법회가 끝난 후에 마땅히 명리(名利)를 버리고 산림(山林)에 은둔하여 함께 결사(結社)하자. 항상 선정(禪定)과 지혜를 고루 익히는데 힘쓰며, 예불하고 전경(轉經)하고 나아가 일하고 함께 작업[運力]하는 데 이르기까지 각각 소임대로 살며, 인연을 따라 심성을 수양하여 한 평생을 구속 없이 지내면서 멀리 달사(達士)와 진인(眞人)의 높은 수행을 따른다면 어찌 기쁘지 않겠는가!'라고 하였다.

---

4 三界: 중생이 生死에 流轉하는 迷의 세계. 곧 有情의 경계를 셋으로 나눈 것. 生死輪廻하는 迷惑의 生存界(즉 有)의 분류이므로 三有生死라고도 하고 단순히 三有라고도 한다. 즉 欲界·色界·無色界의 셋을 말한다.

5 四恩: 4종의 은혜. ① 父母恩·衆生恩·國王恩·三寶恩.(『心地觀經』卷二 報恩品). ② 母恩·父恩·如來大師恩·說法法師恩.(『正法念處經』卷六十一) ③ 父母恩·師長恩·國王恩·施主恩.(出家의 4恩이다.『釋氏要覽』卷中 恩孝編) ④天下恩·國王恩·師尊恩·父母恩(『大藏法數』卷二十三).

6 壬寅年: 高麗 明宗 12年으로 서기 1182年이다.

7 談禪法會: 高麗時代 선승들이 선에 관한 이치를 서로 담론하고 아울러 실천적인 참선도 겸하여 선풍을 진작시키는 법회로서, 고려 초기부터 3년에 한 번씩 국가의 주재로 보제사(普濟寺)에서 개최되었다. 『고려사』에는 1155년(의종9)보제사에서 보제국담선재(普濟國談禪齋)를 열었다는 기록이 보이는데, 이는 그 이전부터 정기적으로 열렸던 담선법회의 계속이었다.(한국민족문화대백과, 한국학중앙연구원)

2. 정혜와 정토업

諸公 聞語曰時當末法 正道沈隱 何能以定慧爲務 不如勤念彌陀 修淨土之業也 余曰 時雖遷變 心性 不移 見法道之興衰者 是乃三乘權學之見 有智之人 不應如是 君我逢此最上乘法門 見聞薰習 豈非宿緣 而不自慶 返生絕分 甘爲權學人則可謂辜負先祖 作最後斷佛種人也 念佛轉經 萬行施爲 是沙門 住持常法 豈有妨碍 然不窮根本 執相外求 被恐智人之所嗤矣

　　여러 도반들이 이 말을 듣고 말하기를, '지금은 말법(末法)의 시대가 되어 정도(正道)가 잠겨서 숨어버렸으니 어떻게 선정과 지혜에만 힘쓸 수 있겠는가. 부지런히 아미타불(阿彌陀佛)을 염(念)하여 정토(淨土)의 덕업(德業)을 닦는 편이 낫겠다!'라고 하였다.
　　내가 말하기를, '시간은 비록 흘러서 변하더라도 심성(心性)은 바뀌지 않는다. 법도(法道)가 흥망성쇠한다는 견해는 바로 삼승권학(三乘勸學)[8]의 소견이다. 지혜 있는 사람은 응당 이와 같아서는 안 된다. 그대들과 나는 이 최상승(最上乘)의 법문(法門)을 만나서 보고 듣고 훈습(薰習)[9]하니, 어찌 숙세의 인연[宿緣]이 아니겠는가! 그런데도 스스로 경사로 여기지 않고 도리어 분에 넘친다는 생각을 내어 기꺼이 삼

8　三乘勸學: 三乘은 聲聞·緣覺·菩薩에 대한 세 가지 敎法을 말하는 것으로 乘은 짐을 나르는 수레를 말한다. 권학은 방편적 학문을 말한다. 곧 구경의 가르침이 아니라는 말이다.

9　薰習: 범어 vāsanā의 번역. 薰이라고도 번역한다. 향기를 옷에 배게 하는 것 같이 迷悟의 諸法(특히 우리의 身·口·意의 業으로, 즉 행위)이 그 세력을 다른 것에(특히 우리들의 마음 위에) 薰附시켜 남게 하는 것.

승권학을 하는 사람이 된다면, 옛 조사들[先祖]을 저버릴 뿐만 아니라 끝내 부처가 되는 씨앗[佛種]마저 끊을 사람이라고 이를 만하다.

염불(念佛)·전경(轉經)·만행(萬行) 등 모든 일은 사문(沙門)이 일상에서 지녀야 하는 법이므로 방해가 될 리 없다. 그런데도 근본을 참구[窮究]하지 않고 모양[相]에만 집착하여 밖에서 구한다면 지혜 있는 사람의 비웃음을 살까 두렵다.

華嚴論云 此一乘敎門 以根本智爲所成 名一切智乘 十方世界量同虛空 爲佛境界故 一切諸佛 及以衆生 所有心境 互相叅入 如影重重 不說有佛無佛世界 不說有像法末法 如是時分 常是佛興 常是正法 此乃了義經 但說有此方穢土 別方淨土 有佛無佛處所 及像法末法 皆爲不了義經 又云 如來 爲一切邪見顚倒衆生 示現出興 略說少分福德境界 而實如來 無出無沒 唯與道相應者 智境自會 不作如來出興滅沒之見 但自以定觀二門 以治心垢 情在相存 我見求道 終不相應 須依智人 自摧憍慢 敬心徹到 方以定慧二門 決擇 先聖敎旨 如斯 豈敢造次輒有浪陳 誓遵了義懇苦之言 不依權學方便之說.

『화엄론(華嚴論)』에 이르기를, '이 일승교문(一乘敎門)[10]은 근본지(根本智)[11]로 이루어진 것이므로 일체지승(一切智乘)이라 한다. 시방

----

10 一乘敎門: 부처님의 敎法에는 小乘·大乘·三乘·五乘의 구별이 있다. 일체 중생이 모두 성불한다는 입장에서 그 구제하는 교법이 하나뿐이고 또한 절대 진실한 것이라고 주장하는 것이 一乘敎이며 그 門이 一乘敎門이다.

11 根本智: 眞如에 契合하여 분별을 여의고 일체 현상의 본질이 平等하여 차별이 없는

세계(十方世界)는 그 크기가 허공과 같은데, 시방세계가 그대로 부처의 경계[佛境界]가 된다. 그러므로 모든 부처에서 중생에 이르기까지 각각의 마음과 경계가 서로 섞여 들어감이 마치 그림자가 겹치는 것과 같다. 부처가 있는 세계니 부처가 없는 세계니 말하지 않으며, 상법시대(像法時代)나 말법시대(末法時代)를 말하지 않는다. 이러한 때에 항상 부처가 존재하며 항상 정법시대라고 설하는 경이 요의경(了義經)[12]이다. 그러나 여기는 예토(穢土)이며 다른 곳이 정토(淨土)이고, 부처가 있는 곳과 부처가 없는 곳, 상법시대와 말법시대가 있다고 구별하여 설한 경은 모두 불요의경(不了義經)이다.'라고 하였다. 또 이르기를, '여래(如來)께서 사견(邪見)으로 전도(顛倒)된 모든 중생들을 위해서 출현하는 모습을 보여 조금이나마 복덕(福德)의 경계에 대해 간략하게 말씀하셨다. 그러나 실제로 여래께서는 출현하지도 사라지지도 않으신다. 오직 도와 상응(相應)하는 자라야 지혜의 경계가 저절로 합해져 여래가 출현했느니 사라졌느니 하는 소견을 내지 않는다. 그러므로 다만 스스로 정관(定觀)의 두 문(門)으로 마음의 때[心垢]를 다스려야 한다. 망념과 상(相)을 남겨둔 채 자신의 소견[我見]대로 도를 구한다면 끝내 상응하지 못할 것이다. 모름지기 지혜 있는 사람에게 의지하여 스스로 교만을 꺾고 철저하게 공경하는 마음을 갖는다면 바야흐로 정혜(定慧)의 두 문(門)으로 결택(決擇)하게 될 것이다'[13]라

것을 아는 智이다.

12 了義經: 진실하고 극진한 구경의 진리를 말씀한 經典이고 不了義經은 了義經에 반대로서 즉 진실하고 극진한 구경의 진리를 말하지 못한 방편적 가르침을 전하는 經典을 가리킨다.

13 『新華嚴經論』(高麗藏,36,499b-c), (大正藏,36,937,a), "是略說少分 爲邪見與結使繫縛恒相應故 遠離如來道不知出現如來爲如是衆生示現出興 略說少分福德境界 而實如來無出無沒 唯道相應者智境自會 不於諸佛作出生滅沒之見 但自以定觀二門以治心

고 하였다.

선대 성인의 가르침이 이와 같은데 어찌 감히 경황없이 번번이 방자하게 말할 수 있겠는가. 맹세코 요의(了義)의 간절한 말씀을 따르고, 권학(勸學)들이 방편(方便)으로 베푼 말에 의지해서는 안 될 것이다.

我輩沙門 雖生末法 禀性頑癡 若自退屈 着相求道則從前學得 定慧妙門 更是何人 所行之事 行之難 故 捨而不修則今不習故 雖經多劫 彌在其難 若今强修 難修之行 因修習力故 漸得不難 古之爲道者還有 不從凡夫來者耶 諸經論中 還有不許末世衆生 修無漏道乎 圓覺經 云 末世諸衆生 心不生虛妄 佛說如是人 現世卽菩薩 華嚴論云 若言此法 非是凡夫境界 是菩薩所行 當知是人 滅佛知見 破滅正法 諸有智者 不應如是 不勤[14]修行 設行不得 不失善種 猶成來世積習勝緣 故唯心訣 云 聞而不信 尙結佛種之因 學而未成 猶盖人天之福 由是觀之 不論末法與正法時殊 不憂自心昧之與明 但生仰信之心 隨分修行 以結正因 遠離劫弱 當知世樂非久 正法難聞 豈可因循 虛送人生

垢[身邊見謝智境相應若以正見 何出何沒何成何壞何染何淨 若得自心如是平等不染淨者是佛出興計我我所者 是身邊二見顚倒疑惑者 所謂四倒無常計常 無我計我 非樂計樂 不淨計淨 邪見者 所謂八邪 邪念邪命邪思邪精進邪定邪語邪業邪慧 結縛者 六處結縛眼耳鼻舌身意以下說一百箇障門與百萬障門爲首 以防修道者 於他菩薩起一念瞋心 如經自具 如有修道者大須愼之 如上修道創始發心 唯慮妄想盡其道乃會 情在想存 我見求道終不相應 須依智人自摧憍慢 敬心徹到 方以定觀二門 決擇上二界禪.".

14 「勤」作「勸」(松).

우리 사문(沙門)[15]들이 비록 말법시대에 태어나서 성품이 완고하고 어리석지만 그렇다하여 스스로 물러나서 상(相)에 집착한 채 도를 구한다면, 종전에 배우고 터득한 선정과 지혜의 묘한 법문은 다시 누가 수행한단 말인가. 행하기 어려운 까닭에 버려두고 닦지 않는다면, 지금 닦지 않았기 때문에 비록 여러 겁(劫)을 지나더라도 더욱 닦기 어렵게 될 것이다. 그러나 지금 억지로라도 닦는다면 닦기 어려운 수행이라도 닦아 익힌 힘 때문에 점차 어렵지 않게 될 것이다. 옛날에 도를 이룬 사람 또한 범부로부터 오지 않은 이가 있었던가. 여러 경론(經論) 가운데 또한 말세의 중생이라고 무루도(無漏道) 닦는 것을 금지한 곳이 있었던가.

『원각경(圓覺經)』에 이르기를, '말세 여러 중생이 마음에 허망한 것을 내지 않으면, 부처는 "이와 같은 사람은 현세에 바로 보살이 된다." 라고 말씀하셨다.'[16] 『화엄론(華嚴論)』에 이르기를, '만약 이 법은 범부의 경계가 아니고 보살의 행할 바라고 말한다면, 마땅히 알라. 이 사람은 부처의 지견(知見)을 없애고 정법(正法)을 파멸시킬 것이다.'[17]라고 하였다. 모든 지혜 있는 사람은 응당 이와 같지 않아서 변함없이 수행할 것이다. 설령 수행하여 얻지 못하더라도 선근 종자[善種]를 잃지 않아서 오히려 내세에는 쌓아 익힌 좋은 인연을 이룰 것이다.

----

15 沙門: 범어 sramana의 음역으로 室囉末拏라고도 쓴다. 桑門·喪門·娑門·娑門那·舍羅祥那라고도 쓰며, 息心·功勞·勤息 등으로 번역한다. 출가자의 총칭으로 內道(佛敎)와 外道를 함께 통하는 명칭이다. 머리를 깎고 악을 끊어 몸과 마음을 고요하게 해서 善을 행하는 출가한 수도자를 말한다.

16 『圓覺經』(高麗藏,13,81b) (大正藏,17,917,b) "末世諸衆生 心不生虛妄 佛說如是人 現世卽菩薩.".

17 『新華嚴經論』(高麗藏,36,329,c) (大正藏,36,800,b-c) "不自欺誑 若有人言 此經非是凡夫境界 是菩薩所行 是人當知 滅佛之見 破滅正法 令其正敎世.".

그러므로 유심결(唯心訣)에 이르기를, '듣고서 믿지 않아도 부처 종
자와 인연을 맺을 것이며, 공부하여 성취하지 못하더라도 인간 천상
에 태어날 복은 넉넉할 것이다.'[18]라고 하였다. 이로 말미암아 보건대,
말법과 정법의 시대가 다름을 따지지 말며, 자신의 마음이 어둡거나
밝다고 걱정하지 말아야 한다. 다만 우러러 믿는 마음을 내어 분수에
따라 수행하여 정인(正因)[19]을 맺으면 겁약(劫弱)을 멀리 여의게 될
것이다. 마땅히 알라. 세속의 즐거움이란 오래가지 않으며 정법(正法)
은 듣기조차 어려운데, 어찌 겉돌면서[因循]인생을 헛되이 보내는가.

如是追念 過去久遠已來 虛受一切身心大苦 無有利益 現在 卽有無
量逼迫 未來所苦 亦無分薺 難捨難離 而不覺知 況此身命 生滅無常
刹那難保 石火風燈 逝波殘照 不足爲喻[20]歲月飄忽 暗催老相 心地未
修 漸近死門 念昔同遊 賢愚雜還 今朝屈指 九死一生 生者如彼 次弟
衰殘 前去幾何 尙復恣意 貪嗔嫉妬 我慢放逸 求名求利 虛喪天日 無
趣談話 論說天下 或無戒德 空納信施 受人供養 無慚無愧 如是等愆
無量無邊 其可覆藏 不爲哀痛乎 如有智者 當須兢愼 策發身心 自知
已[21]過 改悔調柔 晝夜勤修 速離衆苦但依佛祖誠實之言 爲明鏡照見自

----

18 『唯心訣』(大正藏,48,996,c) "但遵斯一路 聞而不信 尙結佛種之因 學而未成 猶益人天
   之福."

19 正因: 淨土에 往生하는 직접적인 원인. 淨土에 나기 위한 三福(道德과 戒律 및 大乘佛
   敎的 行)이 正因이다.

20 論(普).

21 「已」作「己」(松).

心 從本而來 靈明淸淨 煩惱性空 而復勤加決擇邪正 不執己見 心無亂
想 不有昏滯 不生斷見 不着空有 覺慧常明 精修梵行 發弘誓願 廣度
群品 不爲一身 獨求解脫

　이와 같이 미루어 생각해 보건대, 아주 먼 과거이래로 아무 이익도
없이 일체의 몸과 마음이 큰 고통을 헛되이 받고, 현재는 곧 한량없
는 핍박이 있으며 미래에 받을 고뇌도 한이 없다. 버리기 어렵고 여의
기 어려운데도 깨닫지 못하고 있거늘 하물며 이 몸의 목숨의 나고 죽
음이 무상하여 한순간도 지키기 어려움에 있어서랴! 부싯돌의 불이나
바람 앞의 등불과 무너져가는 파도나 석양의 햇빛으로도 비유할 수
없다.

　세월은 회오리바람처럼 갑작스러워서 몰래 늙음을 재촉한다. 심지
(心地)를 닦지도 못한 채 차츰 죽음의 문에 다가간다. 옛날에 함께 놀
던 이들을 생각해 보면 현명한 이ㆍ어리석은 이가 어지럽게 떠오르지
만 오늘 아침 손꼽아 보니 열에 아홉은 죽고 하나만 남았다. 산 자도
저와 같이 차례로 쇠잔해 가는데 앞으로 얼마나 남았다고 다시 맘대
로 탐욕ㆍ분노ㆍ질투ㆍ아만ㆍ방종으로 명예와 이익을 구하느라 세월
을 헛되이 보내며 의미 없는 말장난으로 세상을 논하는가. 혹은 계율
을 지킨 공덕도 없으면서 공연히 신도의 보시를 받아들이며 남의 공
양을 받으면서도 자신에게나 남에게나 부끄러워할 줄을 모르는구나.
이와 같은 허물들이 한량없는데도 덮어 감추며 애통하게 여기지 않아
서야 되겠는가.

　만약 지혜 있는 자라면 반드시 전전긍긍 조심하여야 한다. 몸과 마

음을 채근하고, 스스로 자신의 잘못을 알아서 회개하고 조유(調柔)²²
하며, 밤낮으로 부지런히 수행하여 많은 고통을 여의어야 한다.

　불조(佛祖)의 성실한 말씀만을 밝은 거울로 삼고 의지하여, 자신의
마음이 본래부터 영명(靈明)하고 청정하며 번뇌의 성품이 공한 것임
을 비추어 봐야 한다. 나아가 삿된 것과 바른 것을 결택(決擇)하는 데
보다 부지런히 하여 자기의 소견에 집착하지 말아야 한다. 마음에 어
지러운 생각을 없애서 혼미한데 빠지지 않으며, 단견(斷見)을²³ 내지
않고 있음과 없음[空有]에²⁴ 집착하지 않아야 한다. 깨달은 지혜가 항
상 밝아서 범행(梵行)을 정밀하게 닦으며 큰 서원(誓願)을 발하여 널
리 중생[群品]을²⁵ 제도해야 하니 일신(一身)의 해탈을 구하기 위해서
가 아니기 때문이다.

　如或世間事務種種牽纏 或病苦所惱 或邪魔惡鬼所能恐怖 ²⁶如是等
身心不安 則於十方佛前 至心洗懺 以除重障 禮念等行 消息知時 動靜
施爲 或語或默 一切時中에無不了知 自他身心 從緣幻起 空無體性 猶
如浮泡 亦如雲影 一切毁譽是非音聲 喉中妄出 如空谷響 亦如風聲 如
是虛妄自他境界 察其根由 不隨傾動 全身定質 守護心城 增長觀照 寂

---

22 調柔: 범어 karmaṇyatva. 어떤 일을 하는데 적합한 것. 유연성이 있는 것.

23 斷見: 범어 uccheda-dṛṣṭi. 萬有는 無常한 것이어서 實在하지 않는 것과 같이, 인간도
　죽으면 心身이 모두 없어져서 空無에 돌아간다고 고집하는 그릇된 所見을 뜻함.

24 空有: 空과 有, 實體와 假象, 平等과 差別처럼 論理上 반대의 二門.

25 群品: 群類·群生 등과 같은 뜻. 많은 중생을 말하며, 중생의 機類가 많으므로 群品
　이라 한다.

26 「如」上有「有」(普).

爾有歸 恬然無間 當是時也 愛惡自然淡薄 悲智自然增明 罪業自然斷除 功行自然增²⁷進 煩惱盡時 生死卽絕 生滅滅已 寂照現前 應用無窮 度有緣衆生 是爲了事人分上 無漸次中漸次 無功用中功用也

간혹 세간의 사무에 갖가지로 끌려 다니고 얽매이거나 병고(病苦)에 시달리거나 사악한 마구니에 의해 공포에 떨거나 한다. 이런 일들로 몸과 마음이 불안하거든 시방세계의 부처 앞에 지극한 마음으로 참회하여 무거운 업장(業障)을 제거하되 예불과 염불을 똑같이 행하며 줄거나 불어나는[消息] 때를 알아야 한다. 어묵동정[動靜施爲 或語或默]하는 모든 행위에 있어서 그 어느 순간에서든 나와 남의 몸과 마음은 인연을 따라 허깨비처럼 일어난 것으로서, 물거품이나 구름이나 그림자처럼 공(空)하여 체성(體性)이 없으며, 온갖 비방과 칭찬, 시비 소리가 목구멍에서 망령되이 나오되 마치 빈 골짜기의 메아리나 바람 소리와 같음을 밝게 알지 않으면 안 된다.

이와 같이 허망한 자타(自他)의 경계에서 그 근본 연유를 살펴서 쏠리는 대로 움직이지 않고 온몸을 있는 본바탕대로 정하고, 마음을 성(城)처럼 굳게 지켜서 밝게 비추어 보는 것[觀照]을 증장시키면, 고요하여 돌아갈 곳이 있게 되고 빈틈없이 편안하게 될 것이다. 이때가 되면 애증이 자연히 묽어지고 자비와 지혜가 자연히 더욱 밝아지며 죄업(罪業)이 자연히 끊어지고 공행(功行)이 자연히 증진되니 번뇌가 다한 때에 생사가 끊어진다. 생멸이 사라졌으므로 적조(寂照)가²⁸ 앞에 나타나고 응용(應用)이 무궁하여 인연 있는 중생을 제도할 것이다.

----

27 「增」作「精」(松).

28 寂照: 眞理의 體를 寂이라 하고, 眞智의 用을 照라고 함. 楞嚴經 6에「淨이 極하면 광명이 통달하고 寂照는 허공을 포함한다.」하였음.

이는 일을 마친 사람의 입장에서는 차례가 없는 가운데 있는 차례이며, 공용(功用)이 없는 가운데 있는 공용이 되는 것이다.

3. 수행과 신통력

問曰 如今汝今解說者先須信解自身 性淨妙心 方能依性修禪 是乃
從上已來 自修佛心 自成佛道之要術也 何故凡見修禪之士不發神通
智慧乎 若無通力可現 則何名如實修行者也

문기를, '스님이 지금 해설(解說)한 것은, 우선 자신의 성품이 청정하고 묘한 마음임을 신해(信解)해야만 성품에 의지하여 선(禪)을 닦을 수 있다. 이는 예로부터 스스로 불심(佛心)을 닦아 스스로 불도(佛道)를 이루는 요긴한 방법이다. 그런데 어째서 요즘 선을 닦는 사람들에게서는 신통한 지혜를 내는 일을 보지 못하는가. 만일 신통력을 드러낼 수 없다면 어떻게 여실(如實)한 수행자라 이름할 수 있겠는가.'라고 하였다.

予笑曰 神通智慧 隨自正信佛心法力 加行用功而得之 比如磨鏡 垢
漸盡而漸明 明現則影像千差 若也信解未正 功行未深 昏昏坐睡 以守
默爲禪則何有神通自發也 先德 曰汝等 但向自己性海 如實而修 不要
三明六通 何以故 此是聖末邊事 如今 且要識心達本 但得其本 莫愁其
末 史山人 問圭峰宗密禪師 凡修心地之法 爲當悟心卽了 爲當別有行

門 若別有行門 何名禪門頓旨 若悟心卽了 何不發神通光明

　　내가 웃으며 말하기를, '신통한 지혜는 스스로 불심을 바르게 믿는 법의 힘에 따라 더욱 수행하여 공을 들여 얻는 것이다. 비유하건대 거울을 닦을 적에 때가 점점 없어질수록 점점 밝아지면서, 완전히 밝아지면 거울에 비친 영상(映像)이 천차만별인 것과 같다. 만일 신해(信解)가 바르지 못하고 공행(功行)이 깊지 못하여 혼미한 채로 앉아서 졸고 침묵을 지키는 것을 선이라 한다면 어디서 신통력이 저절로 생기겠는가.

　　선덕(先德)께서 말하기를, '너희들은 자기 성품의 바다(性海)를 향하여 여실하게 닦으면 그만이지, 삼명육통(三明六通)[29]을 바라지 말라. 왜냐하면 이것은 성인에게는 말단의 일[末邊事]이기 때문이다.'[30]라고 하였다.

　　이제 마음을 깨닫고 근본을 통달하기를 구한다면, 근본만을 얻을 뿐 그 말단은 걱정하지 않아도 된다. 사산인(史山人)이 규봉종밀선사(圭峰宗密禪師)에게 묻기를, '무릇 마음[心地]을 닦는 법이란 마음만 깨치면 그만인가. 아니면 별도로 수행하는 법문[行門]이 있는가. 만일 수행하는 법문이 따로 있다면 무엇을 선문돈지(禪門頓旨)라 하며, 마음만 깨치면 그만이라면 왜 신통한 광명을 내지 못하는가.'라고 하였다.

---

29 三明六通: 삼명과 육통. 아라한이 갖고 있는 불가사의한 힘. (1) 神足通. 자유로이 원하는 곳에 낱낱이 나타날 수 있는 능력. (2) 天眼通. 미래의 상태를 간파하는 능력. (3) 天耳通. 보통인이 듣지 못하는 미세한 소리를 듣는 능력 (4) 他心通. 다른이의 마음을 간파하는 능력. (5) 宿命通. 자타의 과거세의 상태를 아는 능력. (6) 漏盡通. 번뇌를 제거하는 능력. 이상의 여섯 가지 초인적 능력을 六通이라 하고, 이 가운데, 天眼 · 宿命 · 漏盡의 셋을 특히 三明이라 한다.

30 『仰山慧寂禪師語錄』(大正藏,1990,47,586,a) "都無實處 我今分明向汝說聖邊事 且莫將心湊泊 但向自己性海 如實而修 不要三明六通 何以故 此是聖末邊事 如今且".

答曰識氷池而全水 藉陽氣而鎔銷 悟凡夫而卽眞 資法力而修習 氷
銷則水流潤 方呈漑滌之功 妄盡則心 靈通始發通光之應 修心之外 無
別行門 以是當知 不愁相好 及與神通 先須返照自心 信解眞正 不落斷
常 依定慧二門 治諸心垢 卽其宜矣 若也信解未正 所修觀行 皆屬無常
終成退失 是謂愚夫觀行 豈爲智人之行哉 他敎家 亦有簡辨[31]觀行 深
淺得失 其義甚詳 祇爲學人 唯攻[32]言說 或高推聖境 不能內求自心 亦
不能鍊磨日久 知其功能耳

답하기를, '얼어붙은 연못이 전부 물인 것은 알지만 햇볕을 쬐어야
녹아 물이 된다. 범부가 바로 부처임을 깨달았지만 법력(法力)을 밑천
으로 닦아 익혀야만 하는 것이다. 얼음이 녹아야 물이 흘러 적셔 바야
흐로 물을 대거나 물건을 씻는 공을 드러낸다. 이와 같이, 망상이 다
하여야 마음이 신령스럽게 통하여 비로소 신통한 광명의 영험을 내는
것이다. 마음을 닦는 것 이외에 별도로 수행하는 법문[行門]은 없다.'[33]
라고 하였다. 이 말씀을 통해 알 수 있다.

상호(相好)나 신통력을 근심하기 전에 반드시 스스로의 마음을 돌
이켜 비추어 보아 신해(信解)가 참되고 바르게 되어 단견(斷見)과 상
견(常見)에 떨어지지 말고, 선정과 지혜의 두 문에 의지하여 마음의

----

31 「辨」作「辯」(松).

32 「功」作「習」(普).

33 『景德傳燈錄』(大正藏, 51, 307, b) "四問 凡修心地之法 爲當悟心卽了 爲當別有行門 若
別有行門何名南宗頓旨 若悟卽同諸佛何不發神通光明 答識氷池而全水 藉陽氣而鎔
消 悟凡夫而卽眞 資法力而修習 氷消則水流潤 方呈漑滌之功 妄盡則心靈通 始發通
光之應 修心之外無別行門."

모든 때를 다스려야 한다. 그러나 신해(信解)가 바르지 못하면 닦은 바의 관행(觀行)이[34] 모두 허사[無常]가 되어 끝내 물러나거나 잃어버리게 될 것이다. 이를 두고 어리석은 사람의 관행(觀行)이라 하니 어찌 지혜로운 사람의 행(行)이라 하겠는가.

다른 교가(敎家)에서도 관행의 심천(深淺)과 득실(得失)을 가려내어 그 내용이 매우 상세하지만 그것은 학인(學人)에게 언변만 다듬게 하여 혹은 성현의 경지라고 높이 미루고는 능히 안으로 스스로의 마음을 찾지 않거나 오랜 시간 연마하지는 않고 그 효과만을 알려 할 뿐이다.

且如 元曉法師云 如諸世間 愚夫觀行 內計有心 外求諸理 求理彌細 轉取外相故 還背理去遠 若天與地 所以終退沒 受無窮生死 智者觀行 與此相反 外忘諸理 內求自心 求心至極 忘理都盡 盡忘所取 取心都滅 所以能得至無理之至理 畢竟無退 還住無住涅槃 又復小聖計心 先有生性故 過微心 得心滅無 無智無照 不異空界 大士解心 本無生性故 離細想 不得滅無 眞照智在 證會法界 如是辨別愚夫與智者 小乘及大乘人 觀行得失여 不隱微毫 是知若禪若敎 古今得意觀行之人 皆達自心 妄想攀緣 本自無生 智智用中 無有間斷 證會法界 永與愚夫小乘途路且別 豈可不觀自心 不辨眞妄 未積淨業 而先索神通道力耶 比夫未解乘舟 而欲怨其水曲者哉

또한 원효법사(元曉法師)가 말했다. '모든 세간(世間)의 어리석은

---

34 觀行: (1) 마음으로 진리를 관하며, 진리와 같이 몸소 실행함. (2) 자기 마음의 본 성품을 밝게 관조하는 방법. 곧 觀心의 行法을 말함.

이의 관행(觀行)은 안으로는 마음이 있다고 계교를 내고 밖으로는 온
갖 이치를 구한다. 이치를 구함이 더욱 세밀해질수록 도리어 바깥 모
양만을 취한다. 그런 까닭에 도리어 갈수록 이치를 등지는 것이 마치
하늘과 땅 사이와 같다. 끝내 물러나 빠져서 끝없는 생사를 받게 된
다. 그러나 지혜 있는 이의 관행은 이와는 반대로 밖으로 모든 이치
를 잊어버리고 안에서 자신의 마음을 찾는다. 마음 찾기가 궁극에 이
르면 이치를 잊어버림까지 모두 다하여서 취한 바를 모두 잊어 버려
서, 취하고자 하는 마음까지도 모두 없어진다. 이러한 까닭에 능히 이
치가 없는 지극한 이치에 이르게 되어 끝내 물러나지 않으며 또한 머
무름이 없는 열반[無住涅槃]에[35] 머물게 된다. 한편 소승의 성인[小聖]
은 마음에 먼저 나는 성품[生性]이 있다고 계교를 내는 까닭에 미세심
[微心]을 거쳐서 마음이 아주 없어지게 되어 지혜도 없으며 비추어 봄
도 없으니 허공의 경계[空界]와 다르지 않다. 그러나 대승의 보살[大
士]은 마음에 본래 나는 성품[生性]이 없는 줄 알기 때문에 미세한 생
각[細想]을 떠나 마음이 모두 없어지는 지경에 이르지 않는다. 대신에
진여에서 나오는 관조의 지혜가 있어서 법계(法界)를 증득해 안다.'

　이와 같이 어리석은 이와 지혜 있는 이, 소승 및 대승인의 관행(觀
行)의 득실(得失)을 변별(辨別)하여 털끝만큼도 숨기지 않았다. 선종
이나 교종에서 예나 지금이나 뜻을 얻어 관행을 한 사람은 모두 스스
로의 마음에 통달하여 망상으로 얽힌 인연이 본래 저절로 생겨나지
않음을 안다. 부처의 지혜[智智]의 작용 가운데 끊임없이 법계를 증득

---

35 無住涅槃: 住는 머무는 곳이란 뜻으로 집착하는 곳을 의미한다. 따라서 無住란 고정
　적인 상태를 부정하는 말로 '一切諸法은 無住性임으로 無住'이며 또 菩薩은 智慧에
　의해서 生死에 住하지 않고 慈悲에 의해서 涅槃에 住하지 않는다(無住處涅槃)고 한
　다. 즉 涅槃에 住하지 않고 오직 大悲와 大智로 衆生을 이롭게 하므로 無住라 하고,
　이러한 利樂의 作用이 있으나 實體는 영원히 寂靜하므로 열반이라 한다.

해 알게 되어 영원히 어리석은 이와 소승과는 가는 길이 엄격히 달라진다. 어찌 스스로의 마음을 관(觀)하지 않고 진실과 허망을 가리지 않아 청정한 업도 쌓지 않은 채 먼저 신통한 도력(道力)만을 찾는가. 비유컨대 배를 탈 줄도 모르면서 먼저 물길이 굽었음을 원망하는 사람과 같다.'

4. 성품과 닦음

問若約自己眞性 本自圓成 但任心自在 合他古轍 何須觀照 而無繩自縛乎

묻기를, '만약 자기의 참 성품이 본래부터 원만하게 이루어진 것이라면, 마음이 자재(自在)하는 대로만 맡겨두어도 다른 옛 성현의 발자취[古轍]에 부합할 것인데 하필 관조에 의지함으로써 밧줄도 없는데도 스스로를 결박하는가.'라고 하였다.

答末法時代 人多乾慧 未免苦輪 運意則承虛託假 出語則越分過頭 知見偏枯 行解不等 近來禪門汎學輩 多有此病 皆云旣自心本淨 不屬有無 何假勞形 妄加行用 是以效無碍自在之行 放捨眞修 非唯身口不端 亦乃心行汚曲 都不覺知 或有執於聖敎 法相方便之說 自生退屈 勞修漸行 違背性宗 不信有如來爲末世衆生 開祕密之訣 固執先聞 擔麻棄金也 知訥頻遇如此之類 雖有解說 終不信受 但加疑謗而已 何如先

須信解心性本淨 煩惱本空 而不妨依解薰修者也 外攝律儀而忘拘執
內修靜慮而非伏捺 可謂於惡斷 斷而無斷 於善修 修而無修 爲眞修斷
矣 若能如是定慧雙運 萬行齊修則豈比夫空守默之癡禪 但尋文之狂
慧者也

　　답하기를, 말법시대에 사람들은 메마른 지혜[乾慧]만 많아 괴로움
의 윤회(輪廻)에서 벗어나지 못한다. 마음[意]을 내는 족족 허망한 것
을 받들고 거짓에 의탁하고, 말을 내는 족족 그 분수를 넘고 머리를
지나친다. 지견(知見)이 궁색하고 편협하며[偏枯] 아는 것과 행하는
것이 같지 않다. 근래 선문(禪門)에서 대충 공부하는 사람들은 흔히
이런 병에 걸려서 모두 말한다. '기왕에 우리 마음은 본래 청정하여
유(有)에도 무(無)에도 속하지 않는데 무엇 때문에 몸을 수고롭고 하
여 망령되이 더 수행할 필요가 있겠는가.' 이러한 까닭에 무애(無碍)
와 자재(自在)의 행(行)만을 흉내 내어 진정한 수행을 멋대로 버리니,
이런 이들은 몸과 입이 단정치 못할 뿐만 아니라 마음의 행마저 더러
워지고 굽어져서 도무지 깨닫지 못한다. 어떤 이들은 경전의 법상(法
相)과 방편(方便)의 설에 집착하여 스스로 퇴굴(退屈)하는 마음을 낸
다. 점수의 수행[漸行]을 수고로이 닦아서 성종(性宗)에 위배되어 여
래가 말세의 중생들을 위하여 비밀한 요결을 연 것을 믿지 않고 먼저
들은 것만 고집하니, 삼을 짊어지고 금을 버리는 격이다.
　　내가 번번이 이런 부류들을 만날 때마다 설명해 줘도 끝내 믿거나
받아들이지 않고 다만 의심과 비방을 더할 뿐이다. 어떻게 하면 먼저
모름지기 심성이 본래 청정하고 번뇌가 본래 공한 줄을 믿고 이해[信
解]하면서도 이해에 의지하여 훈습하고 수행하는 데 더 방해가 되지
않게 하겠는가. 밖으로는 계율과 위의(威儀)를 굳게 지니되 구속이나

집착을 잊고 안으로는 선정[靜慮]을 닦되 굴복시키거나 누르지 않아야 한다. 이를 두고 악을 끊었으나 끊어도 끊은 것이 없으며 선을 닦았으나 닦아도 닦은 것이 없는, 진정한 닦음과 끊음이라 할 수 있다. 이와 같이 선정과 지혜를 동시에 운용하여 만행(萬行)을 똑같이 닦는다면, 어찌 저 헛되이 침묵만 지키는 어리석은 선객이나 문자만을 찾는 산란한 지혜[狂慧]에 견줄 수 있겠는가.

且修禪一門 最爲親切 能發性上無漏功德 若得意修者 於一切時行住坐臥 或語或默 念念虛玄 心心明妙 萬德通光 皆從中發 安得求道 恃本性而自安 不專定慧乎 翼眞記云 定慧二字 乃三學之分稱 具云 戒定慧 戒以防非止惡爲義 免墮三途 定以稱理攝散爲義 能超六欲 慧以擇法觀空爲義 妙出生死 無漏聖人因中修行 皆須學此 故名三學 又此三學 有隨相稱性之別 隨相如上說 稱性者 理本無我 戒也 理本無亂 定也 理本無迷 慧也 但悟此理 卽眞三學耳 先德曰吾之法門 先佛傳授 不論禪定精進 唯達佛之知見 此卽但破隨相對治之名 不壞稱性三學 故曹溪云 心地無非 自性戒 心地無亂 自性定 心地無癡 自性慧 此之是也

무엇보다도 선을 닦는 한 문(門)이 가장 가깝고도 절실하여 능히 성품에 갖추어져 있는 무루공덕[無漏功德]을 발현할 수 있다. 만약 뜻을 얻어 수행하는 자는 걷고 머물고 앉고 눕고 혹은 말하거나 침묵하는 모든 때에 생각마다 비워져 그윽하게 되며[虛玄] 마음마다 밝아지고 묘해져 온갖 덕과 신통의 광명이 모두 그 가운데서 일어날 것이다. 어찌 도를 구하면서 본성(本性)만 믿고 스스로 안주하여, 선정과 지혜에 전념하지 않을 수 있겠는가.

『익진기(翼眞記)』에 이르기를, '선정과 지혜 이 두 글자는 바로 삼학(三學)이 나뉘진 이름이다. 갖추어 말하면 계율과 선정과 지혜이다. 계율은 잘못과 악을 방지하는 것으로 뜻을 삼아 삼악도(三惡途)[36]에 떨어짐을 면하게 한다. 선정은 이치에 맞게 산란한 마음을 거두어들이는 것으로 뜻을 삼아 여섯 가지 욕심[六欲][37]을 능히 뛰어넘게 한다. 지혜는 법을 판단[擇]하여 공(空)을 관(觀)하는 것으로 뜻을 삼아 묘하게 생사에서 벗어나게 한다. 번뇌를 끊은 성인이 부처되기까지 닦는 수행은[因中修行][38] 예외 없이 이를 배우는 것이기에 삼학이라 한다'라고 하였다.

그런데 이 삼학은 현상을 따르는 것[隨相]과 성품에 맞는 것[稱性]으로 구별된다. 현상을 따르는 것은 위에 말한 바와 같다. 성품에 맞는 삼학이란, 이치에 본래 '나'라는 것이 없는 것은 계율이요, 이치에 본래 어지러움이 없는 것은 선정이며, 이치에 본래 미혹됨이 없는 것이 지혜이다. 이 이치만 깨달으면 곧 진정한 삼학일 따름이다.

어떤 선덕(先德)은 이르기를, '나의 법문은 과거 부처가 전해 주신

---

36 三惡道: 地獄·餓鬼·畜生의 三道處를 말함. 죄악을 범한 결과로 태어나서 고통을 받는 악한 곳. 梵網經에 「3악도에 떨어지면 二劫·三劫동안 부모와 三寶의 이름과 글자를 듣지 못한다」고 하였음.

37 六欲: 범부의 異性에 대한 여섯가지 욕망. 色欲(빛깔에 대한 탐욕)·形貌欲(미모에 대한 탐욕)·威儀態欲(걸음 걷고 앉고 웃고 하는 등의 애교에 대한 탐욕)·言語音聲欲(말소리·음성·노래 등에 대한 탐욕)·細滑欲(異性의 부드러운 살결에 대한 탐욕)·人相欲(남녀의 사랑스러운 상에 대한 탐욕)의 여섯가지(大智度論 卷二). 또는 眼·耳·鼻·舌·身·意 여섯 감각기관에서 생기는 가지가지의 욕망.

38 因中修行: 부처가 되기 전 보살로 있을 때의 萬行, 이것이 곧 부처가 될 수 있는 원인이란 뜻에서 한 말이다.

것으로서 선정과 정진을 논하지 않고 오직 부처의 지견만을 통달케 하는 것이다.'[39]라고 하였다. 그러나 이는 다만 상을 따라 번뇌를 대치한다는 개념을 부정한 것이지 성품에 맞는 삼학(三學)을 무너뜨린 것은 아니다.

그러므로 조계(曹溪)스님[40]이 이르기를, '마음에 그르침 없는 것이 자성의 계율이요, 마음에 어지러움 없는 것이 자성의 선정이며, 마음에 어리석음 없는 것이 자성의 지혜이다'[41] 한 것이 바로 이것이다.

又所言禪者 有淺有深 謂外道禪 凡夫禪 二乘禪 大乘禪 最上乘禪 廣如禪源諸詮集所載 今之所論心性 本淨 煩惱本空之義 是當最上乘禪 然於用功門中 初心之人 不無權乘對治之義 故此勸修文內 權實並陳不可不知也 定慧名義雖殊 要在當人信心不退 尅己成辦耳 智度論云 若求世間近事 不能專精 事業不成況學無上菩提 不用禪定 偈云 禪定金剛鎧 能遮煩惱箭 禪爲守智藏 功德之福田 囂塵蔽天日 大雨能淹之覺觀風散心 禪定能滅之 大集經云 與禪相應者 是我眞子 偈云 閑靜無爲佛境界 於彼能得淨菩提 若有毀謗住禪者 是名毀謗諸如來 正法

---

39 『景德傳燈錄』(大正藏,51,309,b) "師一日上堂曰 吾之法門先佛傳授 不論禪定精進 達佛之知見卽心卽佛.".

40 曹溪: 六祖 慧能스님(638-713). 중국 당나라 때 승려. 禪宗 東土의 제6조를 말함. 중국 선종의 대성자로서, 南海 신흥 사람. 속성은 盧씨. 五祖 弘忍의 의발을 받아 676년 남방으로 가서 교화를 펴다가 조계산에 들어가 淨慧不二를 설하고, 坐禪보다 見性을 중시하였으며, 同門 神秀의 北斬의 宗風에 대립하여, 頓悟頓修적인 南頓의 禪風을 선양하였다.

41 『法寶壇經』(大正藏,48,358,c) "性起用 是眞戒定慧法 聽吾偈曰 心地無非自性戒 心地無癡自性慧 心地無亂自性定 不增不減自金剛 身去身來本三昧.".

念經云 救四天下人命 不如一食頃 端心正意 起信論云 若人聞是法已
不生怯弱 當知是人 定紹佛種 必爲諸佛之所授記 假使有人 能化三千
大千世界滿中衆生 令行十善 不如有人 於一食頃 正思此法 過前功德
不可爲諭 是知依此修行 諸善功德 不可勝言

    또 '이른바 선에는 깊음도 있고 얕음도 있으니 외도(外道)의 선과
범부(凡夫)의 선과 이승(二乘)의 선과 대승(大乘)의 선과 최상승(最上
乘)의 선을 이른다.'42라고 하였다. 자세한 내용은『선원제전집(禪源諸
詮集)』43에 실려 있는 바와 같다. 지금 논한 '심성이 본래 청정하고 번
뇌가 본래 공하다'는 뜻은 최상승의 선에 해당된다. 그러나 공을 쌓는
문(門)가운데 초심자는 방편적 가르침[權乘]과44 대치(對治)의45 뜻이
없을 수 없다. 까닭에 이『권수문(勸修文)』안에 방편과 실재[權實]를46

----

42 『禪源諸詮集』(大正藏,48,399,b) "凡聖無差 禪則有淺有深 階級殊等 爲帶異計欣上壓
   下而修者 是外道禪 正信因果亦以欣厭而修者 是凡夫禪 悟我空偏眞之理而修者 是
   小乘禪 悟我法二空所顯眞理而修者 是大乘禪 上四類 皆有四色四空之異也 若頓悟
   自心本來淸淨 元無煩惱 無漏智性本自具足 此心卽佛 畢竟無異 依此而修者 是最上
   乘禪 亦名如來淸淨禪 亦名一行三昧 亦名眞如三昧 此是一切三昧根本.".

43 禪源諸詮集: 101권. 圭峰 宗密이 저술함. 永明延壽가 지은 宗鏡錄과 함께 禪林의 큰
   著作이다. 지금은 都序 3권만 전함. 내용은 禪과 敎가 서로 비방하는 것을 들어 諸家
   의 저술 가운데서 禪門의 玄義에 관한 要語와 句偈를 모은 것.

44 權乘: 眞言宗에서 十住心 중 앞에 九住心을 權乘이라 부른다. 唯識 · 三論 · 華嚴 ·
   天台의 諸宗은 아직 權乘(方便의 敎)의 法이어서, 그 佛도 역시 因의 位를 떠나지 않
   은 것이므로 참 불이 아니라고 하며, 참 佛果는 제 十住心, 곧 眞言宗의 法身佛 뿐이
   라고 한다.

45 對治: 범어 pratipkṣa의 번역. 곧 道로써 煩惱를 끊는 것. 이 경우 道는 能對治고 煩惱
   는 所對治가 된다.

46 權實: 權敎와 實敎란 뜻. 權은 중생의 근기에 알맞도록 假設한 방편을 말하며, 實은

함께 진술했음을 반드시 알아야 한다. 선정과 지혜의 이름과 정의는 비록 다르지만 요체는 그 사람의 신심(信心)이 물러나지 않고 자신을 이겨 결판을 짓게 되는 데 있을 뿐이다.

『지도론(智度論)』[47]에 이르기를, '세간의 비근한 일을 구한다 해도 능히 오로지 정진하지 않으면 일을 이룰 수 없거늘 하물며 위없는 보리[無上菩提][48]를 배우면서 선정과 지혜에 힘쓰지 않는가.'[49]하며 다음과 같은 게송을 붙인다. '선정은 금강의 갑옷[金剛鎧]이 되어 능히 번뇌의 화살을 막는다. 선(禪)은 지혜의 보고(寶庫)를 지켜 공덕의 복 밭이 된다. 저자거리의 티끌이 해를 가리면 큰 비가 그것을 씻어내듯 각관(覺觀)[50] 바람이 마음을 산란하게 할 때 선정이 능히 그것을 없앤다'[51]라고 하였다.

『대집경(大集經)』[52]에서도 이르기를, '선정과 상응한 이는 진정한 내

수단이 아니고 假說이 아닌 究竟 불변하는 진실을 뜻한다.

47 智度論: 大智度論의 약칭. 100권. 龍樹보살이 저술하고 鳩摩羅什이 번역함. 마하반야바라밀경을 자세히 해석한 것.

48 無上菩提: 5종 보리의 하나. 佛果에 이른 지혜를 5종으로 나눈 중에서 보살이 等覺·妙覺位에 이르러서 온갖 번뇌를 끊어 없애고 佛果圓滿한 證悟를 이룬 것.

49 『大智度論』(高麗藏,14,541,b) (大正藏,25,180,c) "復次若求世間近事 不能專心則事業不成 何況甚深佛道而不用禪定.".

50 覺觀: 총체적으로 사고하는 麤思를 覺이라 하고, 분석적으로 상세히 관찰하는 細思를 觀이라 한다. 覺은 사물을 추리하는 마음의 조잡한 작용이고, 觀은 미세하게 관찰함이란 뜻이다.

51 『大智度論』(高麗藏,14,541,b) (大正藏,25,180,c) "非禪不定 如偈說 禪爲守智藏 功德之福田 禪爲淸淨水 能洗諸欲塵 禪爲金剛鎧 能遮煩惱箭 雖未得無餘 涅槃分已得 得金剛三昧 摧碎結使山 得六神通力 能度無量人 囂塵蔽天日 大雨能淹之 覺觀風散心 禪定能滅之.".

52 大集經: 범어 60권. 隋나라의 僧就가 엮음. 大方等大集經의 약칭 대방등은 대승경의

아들이다.' 하며 다음과 같은 게송을 붙인다. '한적하고 고요하고 작위가 없는 부처 경계, 저곳에서 능히 청정한 보리를 얻는다. 만일 선정에 머무는 이를 훼방하는 자가 있다면 그를 두고 모든 여래를 훼방한 자라 한다.'라고 하였다.

『정법념경(正法念經)』[53]에서도 이르기를, '사천하(四天下)[54]의 인명을 구제하는 것이 잠깐 동안 마음을 단정히 하고 뜻을 바르게 하는 것만 못하다.'[55]라고 하였다.

『기신론(起信論)』[56]에서도 이르기를, '만일 어떤 사람이 이 법을 듣고 나서 겁약(怯弱)한 마음을 내지 않으면, 마땅히 알라. 이 사람은 부처의 종자를 반드시 이어 반드시 모든 부처의 수기(授記)[57]를 받을 것이다. 가령 어떤 사람이 능히 삼천대천세계(三千大天世界)[58]에 가득한

통명이다. 부처님이 色界와 俗界의 중간에서 큰 道場을 열고 十方佛 · 菩薩 · 天龍 · 鬼神을 모으고 깊고 미묘한 大乘의 法門을 말씀한 것.

53 正法念經: 正法念處經의 약칭. 70권. 元魏의 瞿曇 般若流支 번역. 7단으로 나누어 선 악의 업에 의하여 받는 과보에 차별 있음을 말하고, 各處의 형편을 자세히 말하였음.

54 四天下: 須彌山 주위에 있는 四大洲를 말한다. 이 지역은 金輪聖王이 統治하는 大洲 라고 한다.

55 『萬善同歸集』(大正藏,48,974,b) "正法念經云 救四天下人命 不如一食頃端心定意 是 以在纏".

56 起信論: 大乘起信論의 약칭. 馬鳴菩薩의 저술. 梁나라 眞諦의 번역본 1권과 唐나라 實叉難陀의 번역본 2권이 있음.

57 授記: 범어 vyākaraṇa의 역어로서, 和伽羅 또는 和羅那라 음역하며, 記別 · 受記 · 記 說 · 記 등으 번역한다. 十二部經(즉 原始佛敎經典의 기본적인 型)의 하나. 본래는 부처 님의 설법 중에서 問答의 형식이나 分類的 說明의 부분을 의미하였으나, 나중에 부 처님이 제자에 대하여 未來의 證果의 내용을 둘로 구별하여 豫言的 敎說을 의미하 게 되었다.

58 三千大天世界: 줄여서 三千世界라 함. 고대 인도인의 세계관에 의한 우주관이다. 수

중생을 교화하여 십선(十善)[59]을 행하게 하더라도, 잠깐 동안 이 법을 바르게 생각하는 이만 못하다. 앞 사람의 공덕보다 뛰어남은 비유할 수조차 없다'[60]라고 하였다. 이에 의지하여 수행하는 모든 선한 공덕 [善功德]은 이루 다 말할 수 없음 알아야 한다.

若不安禪靜慮 業識茫茫 無本可據 臨命終時 風火逼迫 四大離散 心狂熱悶 顚倒亂見 上無衝天之計 下無入地之謀 悽惶恐怖 失所依憑 形骸蕭索 猶如蟬蛻 迷途綿邈 孤魂獨逝 雖有寶玩珍財 一無將去 雖有豪族眷屬 竟無一人追隨救護者 是謂自作自受 無人替代矣 當是時也 將何眼目 以爲苦海之津梁 莫言有少分有爲功德 免此患難 百丈和尙云 縱有福智多聞 都不相救 爲心眼未開 唯緣念諸境 不知返照 復不見佛道 一生所有惡業 悉現於前 或怖或欣[61] 六道五蘊現前 盡見嚴好

미산을 중심으로 그 주위에 네 개의 大洲가 있고, 그 둘레에 九山과 八海가 있으나 이것이 우리들이 사는 세계로 하나의 小世界라 한다. 이 한 세계를 천 개 모은 것을 小天世界라 하고, 이 소천세계 천개를 합한 것을 中天世界, 중천세계를 다시 천개 합한 것을 大天世界라 한다. 이 대천세계는 천 개를 3回 합한 것이며, 소·중·대의 3 종의 千世界가 되므로 삼천세계, 또는 삼천대천세계라 한다. 삼천의 세계라는 의미가 아니라. 千의 三乘의 數가 세계라는 의미이다.

59 十善: 身·口·意의 三業 중에서 현저히 뛰어난 10종의 惡의 행위를 하지 않는 것을 말한다. 즉 殺生·偸盜·邪婬·妄語·兩舌·惡口·綺語·貪慾·瞋恚·邪見의 十 惡을 여의는 것이 十善이다.

60 『起信論』(高麗藏,17,631,c-632,a) (大正藏,32,583,a-b) "若人聞是法已不生怯弱 當知此人 定紹佛種 必爲諸佛之所授記 假使有人能化三千大千世界滿中衆生令行十善 不如有 人於一食頃正思此法過前功德不可爲喩.".

61 懽(菩).

舍宅 舟船車輿 光明現赫 爲縱自心 貪愛所見 悉變爲好境 隨所見 重
處受生 都無自由分 龍畜良賤 亦摠未定 是以凡有高識遠志之人 先須
深觀三世業報毫髮不差 無地可逃 今若緣差 不能進修 後必受苦 良可
傷哉 卽於初中後夜 闃爾忘緣 兀然端坐 不取外相 攝心內照 先以寂
寂 治於緣慮 次以惺惺 治於昏沈 均調昏散 而無取捨之念 令心歷歷
廓然不昧 無念而知 非彼所聞 一切境界 終不可取 若隨世緣 有所施作
悉當觀察應作不應作 萬行無癈 雖有所作 不失虛明 湛然常住

　　만일 선을 편안히 하여 생각을 고요하게 하지 못하면 업식(業識)이
아득하여 의지할 근본이 없어진다. 임종할 때에 풍화(風火)가 핍박하
고 사대(四大)가 흩어져 마음은 미친 듯 뜨겁게 번민하며, 전도(顚倒)
되어 어지럽게 보인다. 위로는 하늘에 오를 계책이 없고 아래로는 땅
에 들어갈 방도도 없다. 매우 두려워하여 의지할 곳을 잃어버리고, 몸
과 뼈는 떨어지고 다한 것이 마치 매미가 허물을 벗어 놓은 것 같다.
미혹되는 길이 멀리 이어지니 외로운 혼이 홀로 간다. 아무리 보배와
재물이 있더라도 하나도 가져가지 못한다. 아무리 호족의 권속이라
도 끝내 한 사람도 따라와 구하거나 보호해 줄 이가 없다. 이른바 '자
기가 지어서 자기가 받는 것'이라 대신할 사람이 아무도 없다. 이때를
당하여 장차 무슨 안목을 가지고서 고해(苦海)를 건너는 나루터와 다
리로 삼겠는가. 유위(有爲)의 공덕이 조금 있다고 해서 이 환난을 면
할 수 있다고 말할 수 없다.
　　백장화상(百丈和尙)[62]이 이르기를, '아무리 복과 지혜가 있고 들은

62　百丈和尙: (720~814) 중국 당나라 스님으로서 江南省 南昌府의 大雄山 일명 百丈山
　에 살았던 懷海선사를 말한다. 특히 그는 百丈淸規를 制定한 것으로 유명하며, 禪門의

것이 많더라도 구제에는 전혀 도움이 되지 않는다. 마음의 눈이 열리지 않아 오직 온갖 경계에 연염(緣念)하면서 돌이켜 비춰 볼 줄 모르기 때문이다. 다시는 불도(佛道)를 보지 못하고 일생동안 지은 악업이 모두 앞에 나타나되 혹은 두려워하며 혹은 기뻐한다. 육도(六道)[63]의 오온(五蘊)[64]이 앞에 나타나, 그것이 장엄한 좋은 집과 빛이 번쩍거리는 배와 수레로 보인다. 제 마음을 방종하여 탐착과 애욕을 통해 보기 때문에 악업의 경계가 모두 좋은 경계로 변하는 것이며, 보이는 대로 쫓아가서 거듭 그곳에 태어나게 되어 도무지 자유로운 구석이 없다. 용이 될지 축생이 될지 양민이나 천민이 될지 아무것도 결정하지 못한다'[65]라고 하였다.

이러한 까닭에 높은 식견과 원대한 뜻이 있는 사람이라면 반드시 먼저 삼세의 업보가 털끝만큼도 차이가 없어서 도망갈 곳이 없음을 깊이 살펴야 한다. 만약 지금 인연이 어긋나서 정진하고 수행하지 못한다면 뒤에 반드시 고뇌를 받을 것이니, 참으로 마음 아픈 일이다. 즉

직책에서부터 식사에 이르기까지 선종 종단의 규율은 이 사람에 의해 만들어졌다고 할 수 있다. 그리고 一日不作 一日不食이라는 유명한 말을 남긴 것도 역시 백장이다.

63 六道: 六趣라고도 한다. 衆生이 邪執 · 謬見 · 煩惱 · 惡業 · 有漏 등으로 인하여 죽어서 머무르는 장소를 여섯 가지로 나누어 가리키는 것. 즉 地獄道 · 餓鬼道 · 畜生道 · 修羅道 · 人間道 · 天道. 이것은 色界 · 無色界 · 欲界의 3界와 함께 중생이 윤회전생하는 범위로 인정된다.

64 五蘊: 五陰이라고도 한다. 色蘊 · 受蘊 · 想蘊 · 行蘊 · 識蘊의 總稱. 受 · 想 · 行은 대체로 마음의 작용을 나타내기 때문에, 五蘊은 물질계와 정신계의 양면에 걸치는 일체의 有爲法(인연에 의해서 생긴 것)을 가리킨다.

65 『祖堂集』(高麗藏.45,324,b) "縱有福智多聞 都不相救 爲心眼未開 唯緣念諸境 不知返照 復不見道 一生所有惡業 悉現於前 或忻或怖 六道五蘊現前 盡見嚴好舍宅 舟舡車轝 光明現赫 爲縱自心 貪愛所見 悉變爲好境 隨所見 重處受生 都無自由分 龍畜良賤 亦摠未定".

시 초저녁이나 밤중이나 새벽에 고요히 반연을 잊고, 꼼짝 않고 단정하게 앉아 바깥 경계를 취하지 않고 마음을 거두어 잡아 안으로 비추어 보라. 먼저 적적(寂寂)으로 반연하는 생각을 다스리고, 다음 성성(惺惺)으로 혼침한 정신을 다스려 혼침과 산란함을 고르게 하되 취하고 버린다는 생각도 없앤다. 마음을 또렷또렷[歷歷]하고도 탁 트인 채 어둡지 않게 하여 무념(無念) 속에서도 알게 한다. 이와 같지 않다면 모든 경계를 끝내 취하지 않는다. 만약 세상의 인연을 따라 무엇인가를 한다 하더라도 응당 해야 할 일인지 하지 않을 일인지를 모두 관찰하여 온갖 행을 그만두어서는 안 된다. 그렇게 되면, 비록 짓는 바가 있더라도 허명(虛明)을 잃지 않아서 담연하게 상주(常住)할 것이다.

一宿覺云 寂寂謂不念外境善惡等事 惺惺謂不生昏住無記等相 若寂寂不惺惺此乃昏住 惺惺不寂寂此乃緣慮 不寂寂不惺惺 此乃非但緣慮 亦乃入昏而住 亦寂寂亦惺惺 非唯歷歷 兼復寂寂 此乃還源之妙性也十疑論註云 無念者卽是眞如三昧 直須惺惺寂寂 不起攀緣 實相相應 先德云 凡夫有念有知 二乘無念無知 諸佛無念而知 如上言敎 是修心人 定慧等持 明見佛性之妙門也 有智之人 切須審詳 豈可徒標大意而便棄修行耶

일숙각(一宿覺)[66]이 이르기를, '적적(寂寂)이란 선악(善惡) 등의 일,

----

66 一宿覺: 永嘉玄覺禪師를 가리킴. 출가하여 삼장을 널리 깊게 공부하여 天台의 止觀에 통달하였다. 뒤에 조계산에서 六祖를 뵙고 깨달아 하룻밤을 자고 떠나니 사람들이 일숙각이라 불렀다. 證道歌를 저술하고 또 영가집이 있다.

즉 바깥 경계를 생각하지 않음을 말하며, 성성(惺惺)이란 혼침(惛沈)
과 무기(無記)[67] 등의 모양[相]을 내지 않는 것을 이른다. 만일 적적(寂
寂)하기만 하고 성성(惺惺)하지 않으면 이는 혼침이요, 성성(惺惺)하
기만 하고 적적(寂寂)하지 않으면 이는 반연하는 생각[緣慮]이다. 적
적(寂寂)하지도 않고 성성(惺惺)하지도 않으면 이는 반연하는 생각일
뿐 아니라 또한 혼침에 빠지는 것이다. 적적(寂寂)하기도 하고 성성
(惺惺)하기도 하면 비단 뚜렷할 뿐 아니라 아울러 적적(寂寂)하기에,
이것이야말로 근원으로 돌아가는 묘한 성품이다.'[68]라고 하였다.

『십의론주(十疑論註)』[69]에 이르기를, '무념(無念)이란 곧 진여삼매
(眞如三昧)[70]이니, 다만 성성적적(惺惺寂寂)하여 반연을 일으키지 않
기만 한다면 실상과 상응(相應)한다.'[71]라고 하였다.

선덕(先德)께서 이르기를, '범부는 념(念)도 있고 지(知)도 있다. 이
승은 념(念)도 없고 지(知)도 없다. 부처는 무념(無念) 가운데 지(知)

----

67 無記: 善도 아니고 不善도 아닌 것. 善 등으로 기록할 수 없다는 뜻이다.

68 『永嘉集』(大正藏,48,390,b) "第二藥者 亦有二種 一寂寂 二惺惺 寂寂爲不念外境善惡
等事 惺惺爲不生昏住無記等相 此二種名爲藥 第三對治者 以寂寂治緣慮 以惺惺治
昏住 用此二藥 對彼二病 故名對治第四過生者 謂寂寂久生昏住 惺惺久生緣慮 因藥
發病 故云過生 第五識是非者 寂寂不惺惺 此乃昏住 惺惺不寂寂 此乃緣慮 不惺惺不
寂寂 此乃非但緣慮 亦乃入昏而住 亦寂寂亦惺惺 非唯歷歷 兼復寂寂 此乃還源之妙
性也.".

69 十疑註論: 1권. 중국 隋나라 때의 天台智顗 대사(538~597)가 지은『淨土十疑註論』의
略稱이다. 阿彌陀經의 淨土往生의 요의를 열 가지 의심으로 꺼내어 問答式으로 說
明한 책으로 阿彌陀經決十義라고 함.

70 眞如三昧: 一行三昧라고도 함. 마음을 고요히 하고 眞如無相의 진리를 觀하는 忘惑
을 없애는 禪定이란 뜻.

71 『十疑論註』(續藏經,107,730,a) "一無念二有念 初無念者 卽是眞如三昧 直須惺惺寂寂
不起攀緣 實相相應 能所雙泯.".

를 운용한다.'[72]라고 하였다.

　이와 같은 가르침은 마음을 닦는 사람에게 선정과 지혜를 함께 지녀서 불성을 환히 보게 하는 오묘한 방편이 된다. 지혜로운 사람은 부디 자세하게 살펴야 하니, 어찌 한낱 큰 뜻만을 표방하는 대신에 수행을 버리려 하는가.

5. 수행과 근기

問曰 諸佛妙道深曠難思 只令末世衆生 觀照自心 而希佛道 自非上根 未免疑謗

　묻기를, '부처의 묘한 도는 깊고 넓어 헤아리기 어렵다. 그런데 지금 단지 말세 중생들로 하여금 자기 마음을 비추어 보아 불도를 구하게 할 뿐이라고 한다면, 스스로 상근기가 아니고서야 의심과 비방을 면하기 어렵지 않겠는가.'라고 하였다.

　予笑曰 前來問意 何爲自高 此問何爲自卑 且莫草草 吾語汝 馬鳴菩薩 撮略百本大乘經典 造起信論直標云所言法者 謂衆生心 是心卽攝一切世間出世間法 依於此心 顯示摩訶衍義 盖恐衆生 不知自心 靈妙自在 向外求道耳 圓覺經云 一切衆生 種種幻化 皆生如來圓覺妙心 猶如空花從空而有 裴相國云 血氣之屬必有知 凡有知者必同體 所謂眞

72 『註華嚴法界觀門』(大正藏,45,687,a) "故失正念 正念者 無念而知.".

淨明妙 虛徹靈通 卓然而獨尊者也 背之則凡 順之則聖 雲盖智禪師 常
謂門人曰 但莫瞞心 心自靈聖 此等 是諸經論 及天下善知識 所留言句
中微旨也 但時人自欺自瞞 日用而不自信自修耳 脫[73]或有信之者 不加
決擇 隨情向背 未免斷常 而堅執己見 豈可與之語道也

　　내가 웃으면서 말하기를, '앞에 한 질문은 스스로를 높이더니, 이번
물음은 왜 스스로를 낮추는가. 그렇게 허둥지둥하지 말라. 내가 너에
게 말해주겠다. 마명보살(馬鳴菩薩)[74]이 백 권의 대승 경전을 모아 간
추려 『기신론(起信論)』을 짓고, '이른바 법이란 중생의 마음을 말한다.
이 마음이 곧 일체세간과 출세간의 법을 포섭하니, 이 마음에 의지하
여 마하연(摩訶衍)의 뜻을 나타내 보인다.'[75]라고 단도직입적으로 표
방하였다. 이는 아마도 중생이 자기 마음이 영묘(靈妙)하고 자재(自
在)한 줄 알지 못하고, 밖으로 도를 구할까 염려한 것이다.
　　『원각경(圓覺經)』에 이르기를, '모든 중생들의 갖가지 환화(幻化)는
모두 원만히 깨달은 여래의 묘한 마음에서 나온 것이니 마치 하늘꽃
이 허공에서 생겨난 것과 같다'[76]라고 하였다.
　　배상국(裵相國)[77]이 말하기를, '혈기가 있는 무리는 반드시 앎이 있

----

73 「設」作「脫」(松).

74 馬鳴菩薩: 佛滅後 600년경에 나타난 大乘의 論師로 대승 불교의 始祖라고도 한다.
　　大乘起信論 1권 등의 저서가 있다.

75 『起信論』(高麗藏,17,621,b) (大正藏,32,575,c) "所言法者 謂衆生心 是心則攝一切世間
　　法出世間法 依於此心顯示摩訶衍義.".

76 『圓覺經』(高麗藏,13,76,b) (大正藏,17,914,a) "善男子 一切衆生 種種幻化 皆生如來圓覺
　　妙心 猶如空花從空而有.".

77 裵相國: 797-870. 裵休. 당대의 거사. 圭峰宗密과 方外의 벗이 되었고 黃檗希運을 任

다. 무릇 앎이 있는 자는 반드시 그 본체를 같이 한다. 이른바 진실하고 청정하며 밝고 묘하고, 텅 비고 트였으며 신령하게 통달하여 우뚝 홀로 높은 것이다. 이것을 등지면 범부이며, 이것을 따르면 성인이다.'[78]라고 하였다.

운개지(雲盖智) 선사(禪師)가 항상 문인(門人)들에게 말하기를, '자기 마음을 속이지만 않으면 마음은 저절로 신령하고 성스럽다.'라고 하였다.

이들은 여러 경론과 천하의 선지식(善知識)들이 남긴 말씀 가운데 미묘한 뜻이다. 다만 요즘 사람들이 스스로 속이고 속여서 일상생활에서 스스로 믿지도 않고 수행조차하지 않는다. 설혹 믿는 이가 있더라도 결택(決擇)하지 못하고, 정(情)에 따라 찬성하거나 반대하여 단견과 상견[斷常]에서 벗어나지 못하고 자기의 소견만 굳게 고집하니, 어찌 그들과 더불어 도를 말하겠는가.'라고 하였다.

6. 교학과 선종의 차이점

問曰修多羅中. 演說百千三昧. 無量妙門. 布網張羅. 該天括地. 諸菩薩. 依教奉行. 至於斷證階位. 則遂有三賢十地. 等妙二覺. 今但依惺惺寂寂二門. 對治昏沈緣慮. 終期究竟位者. 如認一微漚. 以爲窮盡瀛渤.

地인 龍興寺 등에 초빙하여 공부함. 黃檗과의 문답을 실은 傳心法要가 전해짐. 또 圭峰宗密의 여서 저서에 序를 지음.

78 『六方廣圓覺經疏』(續藏經,14,215,a) "夫血氣之屬 必在知 凡有知者 必同體 所謂眞淨明妙 虛徹靈通 卓然而獨存者也.背之則凡 順之則聖".

不其惑乎.

묻기를, '경전[修多羅] 가운데 큰 그물을 펼쳐서 하늘땅을 다 싸서 건져 올리듯, 백천삼매(百千三昧)와 한량없는 묘한 문을 연설하신다. 그리하여 모든 보살이 가르침에 의하여 받들어 행하여 번뇌를 끊고 수행위를 증득하는 지위에 이르니, 마침내 삼현(三賢)[79] · 십지(十地)[80] 와 등각(等覺)[81] · 묘각(妙覺)[82]에까지 이르기를, 그런데 지금 다만 성성(惺惺)과 적적(寂寂)의 두 가지 문에 의지하여 혼침과 반연하는 생각을 다스려 마침내 구경의 지위를 기약하는 것은 마치 작은 물거품을 보고서 끝없이 펼쳐진 바다로 여기는 것과 같으니, 그야말로 미혹된 것이 아닌가.'라고 하였다.

答 令時修心人 具佛種性 依頓宗直指之門 發決定信解者 直了自心 常寂 直然惺惺 依此而起修故 雖具修萬行 唯以無念爲宗 無作爲本也 以無念無作故 無有時劫地位漸次之行 亦無法義差別之相 以具修故

79 三賢: 大乘은 菩薩修行地位인 10住 · 10行 · 10迴向을 말함.

80 十地: 보살이 수행과정에서 겪지 않으면 안되는 52位중 제41位에서 제50位까지의 地位를 가리킨다. 보살은 이 위에 오를 적에 비로소 無漏智를 내어 佛性을 보고, 聖者가 되어 佛智를 길러 보존함과 아울러 널리 중생을 지키고 육성하기 때문에 이 위를 지위, 十聖이라 하고, 지위에 있는 보살을 地上의 菩薩이라고 한다. 십지에는 歡喜地 · 離垢地 · 發光地 · 焰慧地 · 難勝地 · 現前地 · 遠行地 · 不動地 · 善慧地 · 法雲地가 있다.

81 等覺: 내용적으로는 佛陀의 깨달음과 동등하고, 실제로는 佛陀의 한발 앞에 있는 자. 보살 수행의 階位 五十二位 가운데의 제51위.

82 妙覺: 菩薩 52位의 하나. 곧 보살수행 최후의 자리로 번뇌를 끊고 지혜가 원만하게 갖춰진 자리를 말함.

塵數法門 諸地功德 妙心體具 如如意珠 此中惺惺寂寂之義 或直約離
念心體 或約用功門說之 故修性俱圓 理行兼暢 修行徑[83]路 莫斯爲最
但得意修心 脫生死病爲要 何容名義諍論 而興見障乎 而今若善得離
念心體 卽與佛智相契 何論三賢十聖 漸次法門 圓覺修證儀云 頓門無
定位 心淨卽名眞 起信論云 所言覺義者 謂心體離念 離念相者 等虛空
界 無所不遍 法界一相 卽是如來平等法身 又云若有衆生 能觀無念者
卽爲向佛智故 四祖謂融禪師曰 夫百千三昧 無量妙門 盡在汝心 故知
若不了自心 圓該諸法 又不知聖敎 千途異說 隨順機宜 無不指歸自心
法界 而返執文字 差別義門 又自生怯弱 望滿於三祇行位者 非性宗 得
意修心者也 如有此病 請從今改

　　대답하기를, 요즘 마음을 닦는 사람들도 불종성(佛種性)[84]을 갖추었
다. 이중에 심성을 단도직입적으로 지적하는 돈종(頓宗)의 방편에 의
탁하여 결정적인 신해(信解)를 낸 이는, 자기 마음이 항상 적적(寂寂)
하며 적적한 그대로가 성성(惺惺)하다는 것을 바로 안다. 이에 의지하
여 수행을 일으키는 까닭에 비록 온갖 행을 갖추어 닦더라도 오직 무
념(無念)으로 종지[宗]를 삼고 무작(無作)으로 근본을 삼는다.
　　생각이 없고 지음이 없는 까닭에 시간과 지위에 따른 점차(漸次)의
수행이 없다. 또한 법(法)이니 뜻[義]이니 하는 차별의 견해도 없다.
성성과 적적을 갖추어 닦는 까닭에 티끌 같이 많은 법문과 모든 지위
의 공덕이 묘한 마음의 본체에 갖추어지니 마치 여의주와 같다. 이 가

----

83 「徑」作「理」(雲).

84 佛種性: 일체 중생에게 본래 갖추어 있는 부처될 성품. 곧 佛性.

운데 성성적적(惺惺寂寂)의 정의는, 생각을 여읜 마음의 본체를 기준으로 한 말이기도 하며, 심체가 작용하는 면을 기준으로 한말이기도 하다. 그러므로 수행과 성품이 동시에 원만하고 이치와 실행이 함께 펼쳐지니, 수행의 지름길로서 이보다 더 좋은 것은 없다. 다만 뜻을 얻어 마음을 닦아 생사의 병을 벗어나는 것이 요체가 되니, 어찌 명의(名義)로써 논쟁하여 소견의 장애를 일으킴을 용납하겠는가. 만일 지금 생각을 여읜 마음의 본체를 잘 얻으면 부처의 지혜와 그대로 계합할 텐데 무엇 때문에 삼현(三賢)이나 십성(十聖) 등 점차의 법문을 논하겠는가.

『원각수증의(圓覺修證儀)』에 이르기를, '돈문(頓門)에서는 정해진 지위 없이 마음만 청정하면 곧 참이라 한다.'라고 하였다. 『기신론(起信論)』에 이르기를, '이른바 깨달음의 정의란 마음의 본체가 생각을 여읜 것을 이른다. 생각을 떠난 모양은 허공의 경계와 같아 두루하지 않은 곳이 없어 법계(法界)와 한 모양이다. 이것이 바로 여래(如來)의 평등한 법신(法身)[85]이다.'[86]라고 하였다. 또 말하기를, '만일 어떤 중생이 무념(無念)을 관할 수 있으면 곧 부처의 지혜로 향하게 된다.'[87]라고 하였다.

---

85 法身: 3身의 하나. 또 法佛·佛身佛·自性佛·法性佛·寶佛 등이라고 한다. 大乘에서는 究極·絶對의 존재를 말하고, 일체의 존재는 그것의 나타남이라고 풀이한다. 진리를 몸으로 하고 있는 것이란 뜻. 진리 그 자체. 영원한 理法으로서의 불타. 本體로서의 신체. 그것은 순수하여 차별상이 없으며, 그것은 空과 같은 것이다.

86 『起信論』(高麗藏,17,622,b) (大正藏,32,576,b) "所言覺義者 謂心體離念 離念相者等虛空界無所不遍 法界一相卽是如來平等法身 依此法身說名本覺.".

87 『起信論』(高麗藏,17,622,b) (大正藏,32,576,b) "若有衆生能觀無念者 則爲向佛智故.".

사조(四祖)스님[88]께서 법융선사(法融禪師)[89]에게 이르기를, '대저 백천 삼매와 한량없는 묘한 법문이 다 그대 마음에 있다.'[90]라고 하였다.

그러므로 알아라. 자기 마음이 모든 법을 원만하게 갖추었음을 알지 못하며, 또 경전의 천 갈래 다른 말이 근기의 마땅함을 따라 자기 마음의 법계를 가리켜 돌아가게 하지 않은 것이 없음을 알지 못한다. 그런데도 도리어 문자로 차별되는 뜻의 문에 집착하며, 스스로 겁약(怯弱)을 내어 삼아승지겁(三阿僧祇劫)의 수행하는 절차가 가득 차기만을 바라는 자는 성종(性宗)의 뜻을 얻어 마음을 닦는 자가 아니다. 만일 이런 병이 있거든 지금부터 고치기를 바란다.'라고 하였다.

近於故人處 得五位修證圖 乃建州大中寺 講學沙門永年 桃[91]定 杭州祥符寺 傳華嚴教明義大師 曇慧 重詳定 其序云 夫無上菩提 在三數劫外 五位修行 六度圓滿 方能證得 今列頓漸兩途 若圓頓門 從衆生界善男子等 具佛種性 一念 背塵合覺 不歷僧祇 直至悟界 謂之頓超見性成佛 若三乘漸次 五位聖賢 須歷三祇 方成正覺 如是辨明 至於圖中 桃[92]定頓漸行相 亦不相雜糅 所以然者 以其衆生根機 或有二乘種性

---

88 四祖: 中國禪宗의 4祖 道信스님. 중국 승려. 속성은 司馬. 14세에 禪宗 第三祖 僧璨 스님을 뵙고 9년만에 衣鉢을 받고 5祖 弘仁에게 法을 전하다.

89 融禪師: 牛頭法融. 594-657. 수말 당초 스님. 牛頭宗의 開祖. 四祖 道神大師의 제자. 저서로는 絕觀論 1권이 있음.

90 『景德傳燈錄』(大正藏,51,227,a) "祖曰 夫百千法門同歸方寸 河沙妙德總在心源 一切戒門定門慧門神通變化 悉自具足不離汝心.".

91 「桃」作「排」(普).

92 「桃」作「排」(普).

或⁹³菩薩種性 或⁹⁴佛種性 利鈍各別故也

敎中亦有如是具佛種性衆生 於生死地面上 頓悟佛乘 齊證齊修之旨
何獨南宗 有頓門耶 但學敎學禪之者 雖遇妙旨 高推聖境 自生怯弱 未
能深觀 自心日用 見聞覺知之性 是無等等 大解脫故 生多般疑惑耳 此
後更引誠證 具明頓超見性者 雖不籍三乘 漸次行位 亦不礙悟後圓修
行門 如是悟修本末 不離圓明覺性惺寂之義 願令修心人 遷權就實 不
枉用功 自他速證無上菩提

근래 옛 친구의 처소에서『오위수증도(五位修證圖)』⁹⁵를 얻었는데
그것은 건주(建州) 대중사(大中寺)에서 교학을 강의했던 영년(永年)
스님이 배정(排定)하고, 항주(杭州) 상부사(祥符寺)에서 화엄(華嚴)의
가르침을 전한 명의대사(明義大師) 담혜(曇慧)가 재차 상정(詳定)한
것이다. 그 서문에 이르기를, '저 무상보리(無上菩提)는 삼아승지겁(三
阿僧祇劫)⁹⁶밖에 있어 오위(五位)의 수행과 육도(六度)가 원만하여야
비로소 증득할 수 있다고 하나 여기서는 돈(頓)과 점(漸) 두 길을 열
거하겠다. 원돈문(圓頓門)으로 치자면 중생세계의 선남자 등으로부터

---

93 「或」下有「有」(普).

94 「或」下有「有」(普).

95 五位修證圖 : 五位인 十住 · 十行 · 十回向 · 十地 · 十一地(等覺)의 다섯가지로서 그
를 수행하고 證得하는 것을 차례로 배정한 그림이라 한다.

96 三阿僧祇劫 : 보살이 佛位에 이르기까지 수행하는 기간. 아승지겁은 번역하여 한량없
이 긴 시간이라 한다. 보살의 계위는 50位가 있고 이를 三期로 구분한 것. 十信 · 十
住 · 十行 · 十廻向의 40位는 제1아승지겁이 되며, 十地가운데 初地로부터 第7地까
지가 제2아승지겁이 되고, 제8지에서부터 제10지가 제3아승지겁이 된다. 제10지를
마치면 곧 佛果다.

모두 불종성(佛種性)을 갖추고는 한 생각에 번뇌를 등지고 깨달음에 계합하여 아승지겁(阿僧祇劫)을 지나지 않고도 바로 깨달음의 경계에 이르니, 단박에 뛰어넘어 견성하고 성불한 것을 이른 것이다. 한편 삼승(三乘)의 점차(漸次)로 치자면 오위(五位)의 성현이 모름지기 삼아승지겁을 지나야 비로소 정각(正覺)을 이룬다.' 라고 이와 같이 분명히 구별하였다. 그림 가운데 돈(頓)과 점(漸)의 행상(行相)을 배정(排定)하는 데 이르러서도 서로 뒤섞이지 않았다. 왜냐하면 중생들의 근기(根機)가 이승(二乘)이 될 종성(種性)도 있으며 보살이 될 종성[菩薩種性]도 있으며 부처가 될 종성도 있어서 날카로움과 둔함이 각기 다르기 때문이다.

교종 가운데도 이와 같이 부처가 될 종성을 갖춘 중생이 생사의 땅 위에서 부처의 교법을 단박에 깨달아 동등하게 증득하고 닦는다는 이 치가 있다. 어찌 유독 남종(南宗)[97]에만 돈문(頓門)이 있겠는가. 다만 교를 배우고 선을 배우는 자가 비록 묘한 뜻을 만났으나 성인의 경지에서나 할 일이라고 높이 올려놓고 스스로 겁약한 마음을 내어, 자기 마음으로 일상생활에서 보고 듣고 깨달아 아는 성품이 견줄 데 없는 큰 해탈임을 깊이 관찰하지 못한 까닭에 많은 의혹을 낸 것일 뿐이다. 뒤에서 다시 진실한 증거를 인용하여 단박 뛰어넘어 견성하는 이가 비록 삼승의 점차로 수행하는 지위에 의지하지 않더라도 깨달은 후 원만하게 닦는[圓修] 수행의 문에 장애가 없으며, 이와 같이 깨달음과 수행의 본말(本末)이, 원만하고 밝은 깨달음의 성품이 성성적적(惺惺寂寂)함을 떠나지 않았다는 뜻을 구체적으로 밝히겠다. 그리하여 마음 닦는 사람들로 하여금 방편을 버리고 진실을 따라서 공부를 허비

---

97 南宗: 중국 선중가운데 神秀의 계통을 北宗이라고 하고, 六祖 慧能의 계통을 남종이라고 한다. 혜능의 계통이 남녘에서 번창한데 유래한다.

하지 않고 자타가 모두 속히 무상보리(無上菩提)를 증득하기를 발원한다.

且如法集別行錄云 始自發心乃至成佛 唯寂唯知 不變不斷 但隨地位 名義稍殊 謂約了悟時 名爲理智 約發心修時 名爲止觀 約任運成行 名爲定慧 約煩惱都盡 功行圓滿成佛之時 名爲菩提涅槃 當知始自發心 乃至畢竟 唯寂唯知 據此錄之旨則雖今時凡夫 能迴光返照 善知方便 均調昏散 惺惺寂寂之心 該因徹果 不變不斷 但生熟明昧 隨功異耳 若圓照自心 眞常性德 動靜雙融 證會法界則便知諸地功德 塵數法門 九世十世不離於當念 以心性靈妙自在 含容萬種法 萬法未嘗離自性 如轉如不轉 性相體用 隨緣不變 同時無碍 初無今古凡聖 善惡取捨之心 而不妨功用漸增 歷諸地位 悲智漸圓 成就衆生 而始終 不移一時一念一法一行也

『법집별행록(法集別行錄)』[98]에 이르기를, '처음 발심하여 성불에 이르기까지 오직 고요함[寂]과 앎[知]뿐이다. 변하거나 끊어지지 않고 다만 지위에 따라 이름이 점점 달라진다. 즉 밝게 깨달을 때를 두고는 이지(理智)라 하고 처음 발심하여 수행할 때를 두고는 지관(止觀)이라 한다. 저절로[任運] 행을 이룰 때에는 정혜(定慧)라 하고 번뇌가 모

---

98 法集別行錄: 中國 華嚴宗의 圭峰宗密(780-842)이 지음. 唐 荷澤神會의 悟解를 중심으로, 頓悟漸修·定慧雙修의 뜻을 체계적으로 밝힌 책. 후에 普照知訥이 번거로운 文詞를 제거, 綱要만을 초록하고 여기에 다시 자신의 私記를 가하여 觀行의 귀감으로 삼고자 法集別行錄節要并入私記를 지음.

두 없어지고 노력을 통한 수행이 다 채워져 성불할 때에는 보리(菩提)와 열반(涅槃)이라 한다. 마땅히 알라. 처음 발심해서 필경(畢竟)에 이르기까지 오직 고요함(寂)과 앎(知)뿐이다.'라고 하였다.

이 『별행록(別行錄)』의 뜻에 의하면, 지금은 비록 범부일지라도 능히 빛을 돌이켜 그 마음을 비추어 보고[廻光返照], 방편을 잘 알아 혼침(惛沈)과 산란(散亂)을 고르게 조절하여 성성적적(惺惺寂寂)한 마음이 인과(因果)를 두루 갖추어 변하지도 않고 끊어지지도 않으나, 다만 생소함과 익숙함, 밝음과 어두움이 공을 따라 다를 뿐이다.

만일 자기 마음의 참되고 항상된 성품이 움직임과 고요함을 함께 융화한 것을 원만하게 비추어 법계를 증득해 알면, 곧 모든 지위의 공덕과 티끌과 같이 많은 법문과 구세(九世)와 십세(十世)[99] 등이 지금 여기[當念]를 여의지 않음을 알 수 있다. 심성은 영묘하고 자재하여 만법을 머금어 품고, 만법은 일찍이 자기 성품을 여읜 적이 없다. 전변[轉]할 때든 전변하지 않을 때든 성품과 현상, 본체와 작용, 인연에 따름과 변하지 않음이 같은 때를 공유하면서도 아무런 장애가 없다. 애초에 지금과 옛날, 범부와 성인, 선과 악, 취하거나 버리는 마음이 없었기에 공용(功用)[100]이 점점 증가하여 온갖 지위를 거쳐서 자비와 지혜가 점점 원만해지면서[悲智漸圓], 중생을 성취시키는 길을 막지 않으면서도 처음부터 끝까지 한 때도 한 생각도 한 법도 한 행도 옮기지 않는다.

---

99 九世十世: 과거 · 현재 · 미래의 三世에 각각 三世가 있기 때문에 구세가 된다. 여기에 구세를 한데 모아서 一世로 했기 때문에 합하여 십세가 된다. 그 까닭에 구세라고 하는 것도 십세라고 하는 것도 뜻은 같은 것으로 된다. 또는 시간의 영원한 흐름.

100 功用: 몸 · 입 · 뜻으로 짓는 것. 곧 동작 · 말 · 생각 등을 말한다.

華嚴論云 以自心根本無明分別之種 便成不動智佛 以法界體用 以
爲信進悟入之門 從十信及入位進修乃至經十住十行十回向十地十一
地 摠不離本不動智佛 不離一時一念一法一行上 而有無量無邊不可
說 不可說法界虛空界微塵數法門 何以故 爲從法界及根本不動智上
爲信進悟入故 又云不同三乘權敎 約劣解衆生 存世間三世之性 說佛
果在三僧祇之外 據此論之旨 圓宗圓信之者 以自心根本無明分別之
種 便成不動智佛 從信乃至究竟位 無有轉變成壞之相 可謂心性 本來
自在 隨緣似轉而常無變易者也 近來唯習言說者 雖廣談法界無碍緣
起 初不返觀自心之德用 旣不觀法界性相 是自心之體用 何時開自心
情塵 出大千經卷 經不云乎 知一切法 卽心自性 成就慧身 不由他悟
又不云乎 言辭所說法 小智妄分別 是故 生障碍 不了於自心 不能了自
心 云何知正道 彼由顚倒慧 增長一切惡 伏望修眞高士 依如上懇苦之
言 先須深信自心 是諸佛本源 以觀照定慧之力發出之 不可端居抱愚
效無分別 而爲大道 所謂在纏眞如 昏散皆具 出纏眞如 定慧方明 摠別
條然 前後無濫故也 亦不可謂現今 治其染 當來得其淨 不觀本妙 自生
艱阻 而勞修漸行

『화엄론(華嚴論)』[101]에 이르기를, '자기 마음의 근본무명(根本無明)
인 분별하는 종자로써 부동지불(不動智佛)[102]을 이루고, 법계의 본체

---

101 華嚴論: 중국 당대 李通玄이 지은 모두 40권의 논이다. 普照國師는 이를 3卷으로
간추려 『華嚴論節要』를 펴낸 바 있다.

102 不動智佛: 外界의 유혹에 동요하지 않는 분명하고 바른 지혜의 부처님.

와 작용으로 믿어 정진하고 깨달아 들어가는 문을 삼는다. 십신(十信)[103]으로부터 수행위에 들어가 정진하고 수행하여 십주(十住)[104] · 십행(十行)[105] · 십회향(十廻向)[106] · 십지(十地) · 십일지(十一地)에 이르기까지 모두 본래 부동지불(不動智佛)을 여의지 않는다. 한 때도 한 생각도 한 법도 한 행도 여의지 않되 한량없고 가없는 이루다 말할 수 없는 법계와 허공 경계의 미세한 티끌 수와 같이 많은 법문이 있다. 왜냐하면, 법계와 본래 움직이지 않는 지혜로부터 믿어 정진하고 깨달아 들어갔기 때문이다.'[107]라고 하였다.

또 이르기를, '그것은 이해가 부족한 중생들을 대상으로 세간과 삼세의 성품이 있다고 설하여 부처의 과는 삼아승지겁(三阿僧祇劫) 밖에 있

---

103 十信: 보살의 修行階位 52位 가운데 처음의 十信位를 말함. 불법의 진리를 믿어 의심이 없는 지위. 信心 · 念心 · 精進心 · 慧心 · 定心 · 不退心 · 護法心 · 廻向心 · 戒心 · 願心.

104 十住: 보살의 수행 계위 52위중 제11위에서 20위까지를 일컬음. 發心住 · 治地住 · 修行住 · 生貴住 · 具足方便住 · 正心住 · 不退住 · 童眞住 · 法王子住 · 灌頂住.

105 十行: 보살이 수행하는 52계위중 十信 · 十住 다음의 위인 제21위로부터 제30위까지의 보살위. 歡喜行 · 饒益行 · 無瞋恨行 · 無盡行 · 離癡亂行 · 善現行 · 無着行 · 尊重行 · 善法行 · 眞實行.

106 十廻向: 보살이 수행해 나아가는 52階位중 제31위로부터 제40위까지를 일컫는다. 곧 십신 · 십위의 20위를 거처 십행의 위에서 닦은 自利 · 利他의 행을 일체 중생을 위해 널리 돌려주는 공덕으로 佛果를 향해 나아가는 地位. 救護一切衆生離相廻向 · 不壞廻向 · 等一切諸佛廻向 · 至一切處廻向 · 無盡功德藏廻向 · 入一切平等善根廻向 · 等隨順一切衆生廻向 · 眞如相廻向 · 無縛無着解脫廻向 · 入法界無量廻向.

107 『華嚴論』(高麗藏,36,370,b) (大正藏,36,833,a) "以自心根本無明分別之種 便成不動智佛 以法界體用 以爲信進悟入之門 從信及入位進修 乃至經十住十行十廻向十地十一地 總不離本不動智佛 不離一時一念一法一行上 而有無邊無量不可說不可說法界虛空界微塵數法門 何以故 爲從法界及根本不動智上爲信進悟入故."

다고 말한 삼승의 방편적 가르침[權敎]과는 같지 않다.'[108]라고 하였다.

이 논지에 의거하면, 원종(圓宗)의 원신(圓信)이란 자기 마음의 근본 무명인 분별하는 종자 그대로 부동지불(不動智佛)을 이루어, 십신(十信)에서 구경(究竟)에 이르기까지 전변하거나 이루어지고 무너지는 모양이 없음을 말한다. 가히 심성이 본래 자재하여 인연을 따라 전변하는듯하면서도 항상 변함이 없음을 이른 것이다.

근래 오직 말만 익힌 자는 비록 법계의 무애(無碍)한 연기(緣起)를 널리 말하더라도 애초부터 제 마음의 공덕과 작용은 돌이켜 보지 않는다. 이미 법계의 본성과 현상이 바로 자기 마음의 본체와 작용인 줄 보지 못하는데, 언제 자기 마음 번뇌의 티끌을 열어서 대천세계의 경전을 내겠는가. 경전에, '모든 법이 곧 마음의 자성인 줄 알면 지혜의 몸을 성취하되 다른 깨달음으로 말미암는 것이 아니다.'[109]라고 이르지 않았는가.

또, '말뿐인 설법은 작은 지혜의 망령된 분별이다. 이러한 까닭에 장애가 생겨 자기 마음을 명확히 알지 못한다. 자기 마음을 분명히 알지 못하는데 어떻게 정도(正道)를 안다고 하겠는가. 저들이 전도된 지혜로 말미암아 온갖 악을 증장시킨다.'[110]라고 이르지 않았는가.

삼가 바라건대, 진여(眞如)를 닦는 높은 스님은 이와 같은 간곡한 말에 의지하여 모름지기 먼저 자기 마음이 모든 부처의 본원임을 깊

----

108 『華嚴論』(高麗藏,36,370,b) (大正藏,36,833,a) "一時令慣習自在故 不同三乘權敎 約劣解衆生 存世間三世之性 說佛果在三僧祇之外.".

109 『大方廣佛華嚴經』(高麗藏,8,526,a) (大正藏,10,89,a) "知一切法卽心自性 成就慧身 不由他悟.".

110 『大方廣佛華嚴經』(高麗藏,8,518,c) (大正藏,10,82,a) "言辭所說法 小智妄分別 是故生障礙 不了於自心 不能了自心 云何知正道 彼由顚倒慧 增長一切惡.".

이 믿어 관조와 정혜의 힘으로 그 본원을 이끌어내야지, 꼼짝 않고 앉아서 어리석음을 싸안고 분별없는 것만 본받아 대도(大道)로 여겨서는 안 된다. 무슨 말인가. 번뇌 속에 있는 진여[在纏眞如]는 혼침과 산란을 모두 갖추었고 번뇌에서 벗어난 진여(眞如)라야 선정과 지혜가 비로소 밝아지니, 전체(總)와 부분(別)이 조리가 정연하여 앞뒤가 서로 넘치지 않기 때문이다. 그렇다 해서 현재에 그 번뇌를 다스리고 장래 그 청정함을 얻으리라 하여, 본래의 묘함을 보지 않고, 스스로 어렵다는 생각을 내어 수고로이 점차의 행을 닦으려 해서도 안 될 것이다.

唯心訣云 或讓位 高推於極聖 或積德 望滿於三祇 不知全體現前 猶希妙悟 豈覺從來具足 仍待功成 不入圓常 終成輪轉 祇爲昧於性德 罔辯[111]眞宗 捨覺徇塵 棄本就末 此之是也 是故修心之人 不自屈不自恃 恃則墮於此心 不守自性 能凡能聖 刹那造作 還復漂沈之用 是以晝三夜三 懃懃蘊習 惺惺無妄 寂寂明亮 不違修門 屈則 失於此心 靈通應物 常在目前 終日隨緣 而終日不變之德 是以將癡愛 成解脫眞源 運貪嗔 現菩提大用 逆順自在 縛脫無拘 順於性門也 此修性二門 如鳥兩翼 闕一不可 先德云 恰恰用心時 恰恰無心用 曲談名相勞 直說無煩重 無心恰恰用 常用恰恰無 今說無心處 不與有心殊 若能於此 得意進修 則雖是末世衆生 何患乎落斷常之坑也 向來所謂塵數法門 諸地功德 妙心體具 如如意珠 豈誣也哉 言妙心者 是惺惺寂寂之心也

----
111 「辯」作「辨」(普).

『유심결(唯心訣)』[112]에 이르기를, '혹은 자리를 사양하여 지극한 성인의 경지로 높이 미루며, 혹은 덕을 쌓아 삼아승지겁이 차기를 바라기도 하여, 전체가 앞에 나타난 것을 알지 못하고 오히려 묘한 깨달음만 바라니 어떻게 본래 구족했음을 깨닫겠는가. 이에 공이 이루어지기만을 기다리다 원만하고 항상 한 데 들어가지 못하고서 마침내 윤회에 떨어진 것은, 다만 성품의 덕에 어두워 참된 종지를 분별하지 못하여 깨달음을 버리고 번뇌를 따르며 근본을 버리고 지말로 나아가기 때문이다.'[113]라고 한 것이 바로 이것이다.

이러한 까닭에 마음을 닦는 사람은 스스로 굽히지도 말며 스스로 자신만만해서도 안 된다. 자신만만하면 이 마음이 자기의 성품을 지키지 않고 범부가 됐다 성인이 됐다 하면서, 찰나에 조작(造作)하는데 떨어져 다시 떴다 잠겼다 하는 작용에 돌아갈 것이다. 이러한 까닭에 낮에 세 번, 밤에 세 번 부지런히 쌓아 익혀 성성(惺惺)하되 망령됨이 없고, 적적(寂寂)하되 매우 밝아 닦는 문(門)에 위배되지 말아야 한다. 반면 스스로 굽히면 이 마음이 신령스럽게 통하여 사물에 응해 항상 눈앞에 있어서 종일토록 인연을 따르더라도 종일토록 변하지 않는 덕을 잃게 될 것이다.

이러한 까닭에 어리석음과 애욕을 가지고서 해탈의 참된 근원을 이루고, 탐욕과 분노를 움직여 보리의 큰 작용을 나타낸다. 순경이나 역경에 자재하고 결박과 해탈에 구애되지 않아 성품의 문에 순응할 것이니 이런 수행과 성품의 두 문이 마치 새의 두 날개와 같아 하나만

---

112 唯心訣: 北宋代 永明延壽禪師가 善知와 淨土思想에 대하여 지은 책.

113 『唯心訣』(大正藏,48,995,b-c) "或認位高推於極聖 或積德望滿於三祇 不知全體現前 猶希妙悟 豈覺從來具足 仍待功成 不入圓常終成輪轉 只爲昧於性德 罔辯眞宗 捨覺循塵棄本就末.".

없어도 안 된다.

선덕(先德)께서 이르기를, '꼭 알맞게[恰恰] 마음을 쓸 때에 꼭 알맞게 마음을 쓰지 않는다. 자세한 말은 개념과 특성을 설명하느라 수고롭고, 단도직입적인 말은 번거롭거나 중복됨이 없다. 무심한 가운데 꼭 알맞게 쓰면 항상 써도 꼭 알맞게 없어지니 지금 말한 무심(無心)의 경계는 유심(有心)의 경계와 다르지 않다'[114]라고 하였다.

만일 여기서 뜻을 얻어 정진하고 수행할 수 있다면 비록 말세의 중생이라 하더라도 어찌 단견과 상견의 구덩이에 떨어질 것을 걱정하겠는가. 앞에서도 티끌의 수 같이 많은 법문과 여러 지위의 공덕이 묘한 마음의 본체에 갖추어져 있음이 마치 여의주와 같다고 하였으니 어찌 거짓이겠는가. 묘한 마음이란 곧 성성적적(惺惺寂寂)한 마음을 말한 것이다.

7. 수행과 이타행

問今時修心人 若博學多聞 說法度人 則損於內照 若無利他之行 則何異趣寂之徒耶

묻기를, '요즘 마음 닦는 사람이 만약 널리 배우고 많이 들은 것으로 설법하여 사람들을 제도하면 안으로 비추어 보는데 손해가 될 것이다. 반면 남을 이롭게 하는 행이 없으면 고요함으로 나아가려는 무리

---

114 『景德傳燈錄』(大正藏,51,227,b) "師曰 恰恰用心時 恰恰無心用 曲譚名相勞 直說無繁重 無心恰恰用 常用恰恰無 今說無心處 不與有心殊.".

들과 무슨 차이가 있겠는가.'라고 하였다.

答此各在當人 不可一向 若因言悟道 藉敎明宗 具擇法眼者 雖多聞
而不起認名執相之念 雖利他而能斷自他憎愛之見 悲智漸圓 妙契實
中則誠當實行者也 若隨語生見 齊文作解 逐敎迷心 指月不分 未忘名
聞利養之心 而欲說法度人者 如穢蝸螺自穢穢他 是乃世間文字法師
何名專精定慧 不求名聞者乎

　답하기를, '이는 각각 당사자에게 달린 일이라서 한 가지로 말할 수
없는 것이다. 만약 말을 통해 도를 깨닫고 교에 의지하여 종지를 밝힘
으로써 법을 판단하는 눈을 구족한 자라면 비록 많이 들어도 개념을
오해하거나 의미에 집착하는 생각을 일으키지 않고 비록 남을 이롭게
하더라도 능히 나와 남, 증오와 사랑하는 소견을 끊어, 자비와 지혜가
점점 원만해져 법계 가운데[實中] 묘하게 계합하니, 이런 자야말로 실
다운 수행자라 할 수 있다.
　그러나 말에 따라 소견을 내며 글에 따라 해석을 지어, 교를 쫓고 마
음을 미혹하여 손가락과 달을 분별하지 못하고, 명예와 이익을 구하
는 마음을 잊지 못하면서도 설법하여 사람을 제도하려는 자는 마치
더러운 달팽이와 소라가 스스로 더러우면서 남도 더럽히는 것과 같
다. 이는 곧 세간의 문자법사(文字法師)이니, 어찌 선정과 지혜를 오로
지 닦아 명예를 구하지 않는 자라 이름 하겠는가.

華嚴論云 若自有縛 能解他縛 無有是處 誌公法師大乘讚云 世間幾

許癡人 將道復欲求道 廣尋諸義紛紜 自救己身不了 專尋他文亂說 自稱至理妙好 徒勞一生虛過 永劫沈淪生老[115] 濁愛纏心不捨 清淨智心自惱 眞如法界叢林 返作荊棘荒草 但執黃葉爲金 不悟棄金求寶 口內誦經誦論 心裡裏尋常枯燥 一朝覺本心空 具足眞如不少 阿難曰一向多聞 未專道力 先聖之旨明踰日月 豈可廣尋諸義 不救己身 而永劫沈淪乎 但時中觀行餘暇 不妨披詳聖敎 及古德入道因緣 決擇邪正 利他利己而已 非爲一向外求 分別名相 如入海算沙 虛度光陰 先德曰 菩薩本爲度他 是以先修定慧 空閒靜處禪觀易成 少欲頭陀能入聖道 此其證也 旣發度他之願 先修定慧 有道力則雲布慈門 波騰行海 窮未來際救拔一切苦惱衆生 供養三寶 紹佛家業 豈同趣寂之徒也

『화엄론(華嚴論)』에 이르기를, '만약 스스로 결박되어 있으면서 능히 남의 결박을 풀어주는, 이러한 경우는 있을 수 없다'[116]라고 하였다.

지공법사(誌公法師)[117]의 『대승찬(大乘讚)』에[118] 이르기를, '이 세상에 얼마나 많은 어리석은 사람들이 도를 가지고서 또 도를 구하려 하는가. 온갖 뜻을 널리 어지럽게 찾아다녀 스스로 자기 몸도 구제하지 못한다. 오로지 남의 글의 어지러운 말만 찾아 지극한 이치가 묘하게 좋다고 자칭하니 한낱 일생을 헛되이 보내어 영원히 생노병사에 빠진

---

115 「老」下有「死」(普).

116 『新華嚴經論』(高麗藏,36,246,a) (大正藏,36,733,b) "若自有縛能解彼縛 無有是處.".

117 誌公法師: 金陵寶誌. 418-514. 위진남북조 스님. 奇行을 많이 보임.

118 大乘讚: 10수 1편. 원래는 24수가 있었다고 함. 6언 20구의 古體지만, 실제는 誌公和尙十二時頌 등과 함께 당 중엽에 출현한 듯함.

다. 탁한 애욕이 마음을 얽어매도 버리지 않으니, 청정한 지혜의 마음
이 제풀에 시달린다. 진여법계(眞如法界)의 총림(叢林)이 도리어 가
시나무 벌판이 되었도다. 다만 누런 나뭇잎을 금이라 집착하여 금을
버리고 보배를 구할 것을 깨닫지 못하니, 입안으로 경과 론을 암송하
더라도 마음속으로 찾아보면 항상 메말라 있도다. 하루아침에 본래
마음이 공한 것을 깨달으면 구족(具足)된 진여(眞如)가 모자람이 없
다'[119]라고 하였다.

아난(阿難)[120]이 말하기를, '많이 듣는 것만으로는 도력에 전념하지
못한다'[121]라고 하였다. 옛날 성인의 뜻이 해와 달보다 더 밝으니, 어찌
한낱 여러 뜻만 널리 찾아다니면서 자기 몸을 구하지 않아 영원히 생
사에 빠져 있는가. 다만 시간 맞춰 관행(觀行)하는 틈틈히 성인의 가
르침과 선덕(先德)이 도에 들어간 인연을 상세하게 열람하여 삿됨과
바름을 결택(決擇)하여 남을 이롭게 하고 자신도 이롭게 하는 정도는
무방하다. 오로지 밖으로만 구하여 바다에 들어가 모래를 세듯 이름
과 모양을 분별하면서 헛되이 세월만 보내서는 안될 것이다.'라고 하
였다.

선덕(先德)께서 말하기를, '보살은 남 제도하는 것이 본래 목적인
까닭에 먼저 선정과 지혜를 닦으니 한가하고 고요한 곳에서 선정과

---

119 『景德傳燈錄』(大正藏,51,449,c-450,a) "世間幾許癡人 將道復欲求道 廣尋諸義紛紜
自救己身不了 專尋他文亂說 自稱至理妙好 徒勞一生虛過 永劫沈淪生老 濁愛纏心
不捨 清淨智心自惱 眞如法界叢林 返生荊棘荒草 但執黃葉爲金 不悟棄金求寶 所
以失念狂走 强力裝持相好 口內誦經通論 心裏尋常枯槁 一朝覺本心空 具足眞如不
少.".

120 阿難: 아난타의 약칭. 부처님 십대제자중 한분으로 多聞第一로 유명하다. 부처님의
사촌동생으로 侍者가 되어 제1차 결집때에 중요한 우치를 차지하다.

121 『首楞嚴經』(高麗藏,13,793,c) (大正藏,19,106,c) "恨無始來 一向多聞未全道力."

관행을 쉽게 이룬다. 욕심을 줄인 두타행[苦行]¹²²이라야 능히 성인의
도에 들어간다.'¹²³라고 하였으니, 이것이 그 증거이다.

  이미 남을 제도하겠다는 서원을 세웠으면 먼저 선정과 지혜를 닦아
야 한다. 도력이 생기면 자비의 문을 구름처럼 펴고, 행(行)의 바다에
파도가 출렁거려 미래가 다할 때까지 고뇌하는 모든 중생을 구제하고
삼보에 공양하여 부처의 가업을 잇는다. 어찌 고요함에만 향하는 무
리와 같겠는가.'라고 하였다.

8. 수행과 정토

  問 今時行者雖專定慧 多分道力未充 若也不求淨土 留此穢方 逢諸
苦難 恐成退失

  묻기를, '요즘의 수행하는 자들은 비록 선정과 지혜를 오로지한다고
하나 대개 도력이 충분하지 못하다. 그러므로 만약 정토(淨土)를 구하
지 않고 이 더러움이 가득한 곳에 머무르면, 온갖 고난을 만나 아마도
물러나 잃게 될까 하나이다.'라고 하였다.

  答 此亦各在當人 不可一例取之 若是大心衆生 依此最上乘法門 決

---

122 頭陀: 범어 Dhūta의 음역. 의식주에 대한 탐착을 버리고 심신을 수련하는 것을 말
      한다. 후세에는 山野와 세상을 巡歷하며 온갖 고행을 인내하는 行脚의 수행이란 뜻
      으로 사용되었다.

123 『萬善同歸集』(大正藏,48,974,b) "菩薩本爲度他 是以先修定慧 空閑靜處禪觀易成 少
      欲頭陀能入聖道.".

定信解四大 如泡幻 六塵似空花自心是佛心 自性是法性 從本已來 煩
惱性自離 惺惺直然惺惺 歷歷直然歷歷 依此解而修者 雖有無始習氣
以無依住智治之 還是本智 不伏不斷 雖有方便三昧 離昏散之功 以知
緣慮分別 是眞性中緣起故 任性淨而無取攝之相 雖涉外緣 違順之境
爲了唯心 無自他能所故 愛憎嗔喜 任運不生 如是任法 調治習氣使稱
理智增明 隨緣利物 行菩薩道 雖處三界內 無非法性淨上 雖經歲月 體
不離時 任大悲智 以法隨緣故 此人雖不如上古過量人 一超登位 具足
通力者 然以夙植善根 種性猛利 深信自心 本來寂用自在 性無更改故
於諸世難 何[124]有退失之患 華嚴論 所謂大心凡夫 能生信證入故 生如
來家 不言已生佛家 諸大菩薩者也 今時如此修心者 爲上根也 或有行
者 聞自心淨妙之德 信樂修習 然以無始堅執我相 習氣偏重 致諸惑障
未能忘情者 具以空觀 推破自他身心 四大五蘊 從緣幻出 虛假非實 猶
如浮泡 其中空虛 以何爲我 以何爲人

　　답하기를, '이 또한 각각 그 사람에게 달린 일이므로 한 가지 예로
취급할 수 없다. 만일 큰마음을 가진 중생이라면[125] 이 최상승 법문에
의지하여, 사대(四大)는 마치 물거품이나 허깨비와 같고 육진(六塵)[126]
은 하늘 꽃과 같아서 자기 마음이 부처의 마음이요 자기의 성품이 바
로 법의 성품으로서 본래부터 번뇌의 성품이 스스로 여의어 성성(惺

----

124 「何」作「無」(普).

125 大心衆生: 깨달음을 구하는 마음 즉 大菩提心을 낸 중생을 말한다.

126 六塵: 六根의 대상. 六境과 같음. 色·聲·香·味·觸·法이 人身에 들어가서 청
　　정한 마음을 혼탁하게 하므로 塵이라 한다.

惺)이 바로 성성(惺惺)이며 역력(歷歷)이 바로 역력(歷歷)인 줄 확실히 신해(信解)한다.

이러한 신해(信解)에 의지하여 수행하는 자는 비록 무시습기(無始習氣)[127]가 있더라도 의지함과 머무름이 없는 지혜로 다스리면 근본지혜가 돌아온다. 누를 것도 없고 끊을 것도 없어서 비록 방편의 삼매로써 혼침과 산란을 여의는 공이 있더라도 반연하는 생각의 분별이 바로 진성(眞性)가운데 연기(緣起)하는 것임을 아는 까닭에 성품의 청정함에 맡겨 취하거나 거둬들이는 모양[相]이 없다. 비록 바깥 인연이 거스리거나 따르는 경계를 만나더라도 모두 다 오직 마음인줄 알아 자타(自他)와 능소(能所)가 없다. 그러므로 사랑과 미움, 분노와 기쁨이 가만이 놔둬도[任運][128] 일어나지 않는 것이다.

이와 같이 법에 맡겨 습기를 고루 다스려서 이치에 맞는 지혜를 더욱 밝게 하고, 인연을 따라 중생을 이롭게 하여 보살의 도를 행하면 비록 삼계안에 처하더라도 법성(法性)의 정토(淨土) 아닌 곳이 없다. 비록 세월이 지나더라도 몸은 시간을 여의지 않아 큰 자비의 지혜에 맡겨서 법으로써 인연을 따른다. 까닭에 이 사람은 비록 한 번에 지위로 뛰어올라 신통력을 구족한 뛰어난 옛 분보다는 못하더라도, 숙세(宿世)에 심은 선근(善根)으로 그 종성(種性)이 매우 날카로워 자기 마음이 본래 고요한 가운데 작용이 자재하여 성품은 고칠 수 없음을 깊이 믿는다. 까닭에 온갖 세상의 어려움에서도 어디에 물러나거나

---

127 無始習氣: 일체 세간의 중생과 법이 모두 처음이 없는 것과 같이 금생은 전생의 인연을 따라 존재하고, 전생은 또한 전생을 따라 존재하는 것처럼 이같이 추구해 들어가면 중생과 법은 원래 얻을 수 없으므로 무시라 한다. 습기는 우리들의 사상이나 행위나 기타 일체의 有爲法을 산출하는 공능, 능력이다.

128 任運: 마음을 써서 새삼스러이 노력하지 않더라도, 혼자 손으로 일을 할 수 있는 것. 無功用이라 함과 같다.

잃어버릴 걱정이 있겠는가.

『화엄론(華嚴論)』에 이른바, '큰 마음을 가진 범부는 능히 믿음을 내어 증득해 들어가는 까닭에 여래의 집에 나니, 이미 부처의 집에 난 큰 보살들을 두고 하는 말이 아니다.'[129]라고 한 것이다. 지금 이와 같이 마음을 닦는 자는 상근기라 할 것이다.

혹 어떤 수행자는 자기 마음이 청정하고 묘한 덕을 가졌다는 말을 듣고, 믿고 즐거워하여 닦아 익힌다. 그러나 옛부터 '나'라는 생각[我相]에 굳게 집착하여 습기가 편중하여 온갖 의혹과 장애[惑障][130]를 만나 정을 잊지 못하는 경우가 있다. 이럴 때는 공관(空觀)[131]을 구족하여, '나와 남의 몸과 마음과 사대(四大)와 오음(五陰)이 인연을 따라 허깨비처럼 나와서 헛되고 거짓되며 실답지 않음이 마치 뜬 물거품과 같아서 그 속은 텅 비었으니, 무엇을 「나」라 하고 무엇을 「남」이라 하는가.'라고 추적하여 논파해야 한다.

如是深觀 巧洗情塵 心常謙敬 遠離憍慢 折伏現行 資於定慧 漸入明

靜之性 然此人 若無萬善 助開自力 恐成迂滯 直須勤供養三寶 讀通大

----

129 『新華嚴經論』(高麗藏,36,292,c) (大正藏,36,770,c) "大心凡夫能生信證入 故生於佛家 不言已生佛家諸大菩薩.".

130 惑障: 四障의 하나. 중생이 貪·瞋·痴 등의 惑으로 말미암아 心性을 더럽히고 바른 도를 장애하는 것.

131 空觀: 모든 존재는 그 자체의 본성이 없고 고정적으로 실재하는 것이 아니라고 하는 진리를 觀想하는 수행법. 모든 존재를 空(실체가 없음)으로 觀하는 입장. 모든 사물은 다 空하다고 하는 도리를 깨닫기 위하여 수행하는 觀法. 모든 사물은 因緣所生(원인과 조건에 의해 生起함)이기 때문에 그 실체는 있을 수 없고, 空寂無相이라고 관찰하는 것을 말한다.

乘 行道禮拜 懺悔發願 始終無癈 以愛敬三寶淳厚心故 蒙佛威加 能
消業障 善根不退 若能如是自力他力 內外相資 志求無上之道則豈不
具美乎 此內外相資中 有二種人 所願各異 或有悲願重者 於此世界 不
厭生死 自利利他 增長悲智 求大菩提 所生之處 見佛聞法 以之爲願也
此人不別求淨土 亦無逢難退失之患 或有淨穢苦樂 欣厭心重者 所修
定慧 及諸善根 回向願求生彼世界 見佛聞法 速成不退 却來度生 以之
爲願也 此人意謂雖專內照 忍力未成 留此穢土 逢諸苦難 恐有退失之
患 此內外相資二種人志願 深諧聖教 皆有道理 此中求生淨土者 於明
靜性中 有定慧之功 懸契彼佛內證境界故 望彼但稱名號 憶想尊容 希
望往生者 優劣可知矣

이와 같이 깊이 관조하여 정진(情塵)을[132] 잘 씻어내며 마음을 항상
겸손하고 공경하게 하여 교만을 멀리 여의고, 현행(現行)을 억제하여
선정과 지혜에 힘입어 점점 밝고 고요한 성품에 들어간다. 그러나 이
사람이 만약 자력을 발휘하는 데 도움이 될만큼 닦아 놓은 선행이 없
다면 아마도 굽히거나 막히게 된다. 이런 경우라면 그저 부지런히 삼
보에 공양하고 대승경전을 독송하며 도를 행하고 예배하며 참회와 발
원을 처음부터 끝까지 폐하지 않아야 한다. 삼보를 사랑하고 공경하
는 순후(淳厚)한 마음 때문에 부처님 위력에 가피를 입어 능히 업장을
녹여 선근이 물러나지 않게 한다. 이와 같이 자기 힘과 남의 힘으로
안팎이 서로 도와 위 없는 도를 구하는데 뜻을 둔다면 어찌 완성을 보
지 못하겠는가.

----

132 情塵: 六根과 六塵을 함께 이름한 것.

이렇게 안팎으로 서로 돕는 가운데 두 부류의 원하는 바가 각기 다르다. 하나는 자비의 원이 무거운 자는 이 세계에서 생사를 싫어하지 않고, 스스로를 이롭게 하고 남도 이롭게 하여 자비와 지혜를 증장(增長)시켜 큰 보리를 구하여 태어나는 곳마다 부처를 뵙고 법을 듣는 그것으로 원을 삼는다. 이 사람은 따로이 정토(淨土)를 구하지 않더라도 어려움을 만났을 때 뒤로 물러나거나 잃어버릴 걱정이 없다.

또한 청정함, 더러움, 괴로움, 즐거움에 대하여 기뻐하거나 싫어하는 마음이 무거운 사람은 자신이 닦은 선정과 지혜와 모든 선근을 회향하여 저 세계에 나서 부처를 뵙고 법문을 들어 속히 물러나지 않음을 이룬 다음 중생에게 와서 제도하는 그것으로 원을 삼는다. 이 사람은 비록 안으로 비추어 보는 데 오로지 뜻을 두더라도 인욕의 힘이 이루어지지 않아 이 예토(穢土)[133]에 머무르면 온갖 고난을 만나 물러나거나 잃어버릴 걱정이 있을까 두렵다.

이렇게 안팎으로 서로 돕는 두 종류 사람의 뜻과 원이 성인의 가르침에 깊이 화합하여 모두 도리가 있다. 이 가운데 정토에 나기를 구하는 자는 밝고 고요한 성품 가운데서 선정과 지혜를 닦은 효과를 보아 저 부처가 안에서 증득한 경계에 멀리 계합한다. 까닭에 단지 명호(名號)만 부르고 거룩한 부처의 얼굴을 생각하여 왕생하기를 희망하는 자를 비교해보면 우열을 가히 알 수 있다.

智者大師臨終 謂門人曰 火車相現 一念改悔者 猶能往生 況戒定慧熏 修行道力 功不唐損 淨名經云 欲淨佛土 當淨其心 隨其心淨 即佛土淨 法寶記壇經云 心地但無不淨 西方去此不遠 性起不淨之心 何佛

133 穢土: 더러운 것이 가득한 國土.

卽來迎請 壽禪師云 識心方生唯心淨土 着境只墮所緣境中 如上佛祖
所說求生淨土之旨皆不離自心 未審離自心源 從何趣入 如來不思議
境界經云 三世一切諸佛 皆無所有 唯依自心 菩薩若能了知諸佛 及一
切法皆唯心量 得隨順忍 或入初地 捨身速生妙喜世界 或生極樂淨佛
土中 此其證也 以此而推 雖不念佛求生 但了唯心 隨順觀察 自然生彼
必定無疑 近世多有義學沙門 捨名求道 皆着外相 面向西方 揚聲喚佛
以爲道行 前來學習發明心地 佛祖秘訣 以謂名利之學 亦謂非分境界
終不掛懷 一時棄去 旣棄修心之秘訣 不識返照之功能 徒將聰慧之心
虛用平生之力 背心取相 謂依聖敎 諸有智者 豈不痛傷

지자대사(智者大師)[134]가 임종 때에 문인들에게 말하기를, '불수레
[火車]의 모양이 나타나도 한 생각에 고쳐 뉘우치는 자는 오히려 능히
왕생한다. 하물며 계정혜(戒定慧) 삼학(三學)을 훈습(薰習)하여 수행
한 도력의 공이 허황되게 버려지겠는가.'[135]라고 하였다.

『정명경(淨名經)』[136]에 이르기를, '불국토(佛國土)를 청정하게 하고
자 한다면 자신의 마음을 청정하게 해야 한다. 마음이 청정해지면 따
라서 불국토가 청정해진다.'[137]라고 하였다.

----

134 智者大師: 智顗의 법호. (538-597) 중국 수나라 때 승려. 天台宗의 開祖. 天台大師
    의 이름.
135 『天台智者大師別傳』(大正藏,50,196,a) "火車相現能改悔者 尙復往生況戒慧熏修 行
    道力故實不唐捐.".
136 淨名經: 維摩詰經의 다른 이름.
137 『維摩詰所說經』(高麗藏,9,979,b) (大正藏,14,538,c) "若菩薩欲得淨土當淨其心 隨其
    心淨則佛土淨".

『법보기단경(法寶記壇經)』[138]에 이르기를, '심지(心地)에 부정(不淨)함만 없으면 서방 정토가 여기서 멀지 않다. 성품이 부정(不淨)한 마음을 일으키면 어떤 부처가 곧 와서 맞이하기를 청하겠는가'[139]라고 하였다.

수선사(壽禪師)[140]가 이르기를, '마음을 알기만하면 유심정토(唯心淨土)에 나겠지만 경계에 집착하면 반연하는 경계에 떨어질 수 밖에 없다.'[141]라고 하였다.

이와 같이 불조(佛祖)께서 설한 바 정토에 나기를 구하는 뜻은 모두 스스로의 마음에서 벗어나지 않은 것인데, 자심(自心)의 근원을 여의고 어디에서부터 들어가려 하는지 모르겠다.

『여래부사의경계경(如來不思議境界經)』에 이르기를, '삼세의 모든 부처는 소유한 바가 없어 오직 스스로의 마음에 의지한다. 보살이 만약 능히 모든 부처와 법이 오직 심량(心量)[142]인줄 밝게 알아 수순하는

----

138 法寶記壇經: 六祖大師法寶壇經의 약칭이다. 즉 六祖壇經.

139 『法寶記壇經』(大正藏,48,352,a-b) "心地但無不善 西方去此不遙 若懷不善之心 念佛往生難到 今勸善知識先除十惡卽行十萬 後除八邪乃過八千 念念見性常行平直 到如彈指便覩彌陀 使君但行十善 何須更願往生 不斷十惡之心 何佛卽來迎請.".

140 壽禪師: 송나라 智覺선사 永明延壽(904-975)의 法號.

141 『萬善同歸集』(大正藏,48,966,c) "故知識心 方生唯心淨土 著境祇墮所緣境中.".

142 心量: 마음이 망상을 일으켜 갖가지로 外境을 헤아리는 것을 心量이라고 함. 이것은 범부의 心量이고 여래가 진실하게 증득한 心量은 일체의 所緣과 能緣을 여의고 無心에 住하는 것.

인[隨順忍.]¹⁴³을 얻으면, 혹 초지(初地)¹⁴⁴에 들어가 사신(捨身)하여¹⁴⁵ 속히 묘희세계(妙喜世界)¹⁴⁶에 나기도 하며, 혹은 극락의 청정한 불국 토 가운데 나기도 한다.'¹⁴⁷라고 하였으니 이것이 그 증거이다.

이로써 미루어 보건대 비록 염불하여 왕생하기를 구하지 않더라도 다만 오직 마음임을 밝게 알아 수순하게 관찰하면, 자연스럽게 피안 (彼岸)에 나는 것이 틀림없이 정해져 의심할 것이 없다. 근래 이치를 따져가며 공부하여 명리를 버리고 도를 구하는 사문들이 많으나 모 두 바깥 현상에 집착하여 얼굴을 서방으로 향해 소리 높여 부처를 부 르는 것을 도행(道行)으로 여긴다. 이전부터 배워 익혀 마음 자리를 밝힌 불조(佛祖)의 비결을 명리(名利)를 위한 학문이라 한다. 또한 분 수에 맞지 않는 경계라 하여, 끝내 마음에 두지 않고서 일시에 버리고 떠나가니 이미 마음을 닦는 비결을 버린 것이다. 돌이켜 비추어 보는 공능(功能)을 알지 못하고, 다만 총명한 지혜의 마음만을 가지고서 평 생의 힘을 허비하여 마음을 등지고 상을 취한다. 그러면서 성인의 가 르침에 의지한다고 하니 지혜 있는 자라면 누구나 어찌 애통해하지

---

143 隨順忍: 다른이의 가르침을 믿고 다른이의 뜻을 따르는 것을 수순이라고 한다. 忍 은 고통 등을 받아도 참고 견디어 성내지 않고, 스스로의 괴로움은 만나도 마음을 움직이지 않고, 진리를 깨달아서 認證하고, 理위에 마음을 편안히 하는 것.

144 初地: 곧 歡喜地. 보살이 成佛하기까지 52위의 階位가 있는 가운데 제41위. 十地 중 첫째 계위.

145 捨身: 목숨을 버리는 것. 몸을 희생하여 佛事에 공양하는 것. 혹은 자신의 身肉을 중생을 위해 바치는 것을 布施의 행위 중 가장 으뜸이라 한다.

146 妙喜世界: 維摩居士의 國土.

147 『如來不思議境界經』(高麗藏,8,1039,b) (大正藏,10,911,c) "乃至三世一切諸佛 亦復如 是 皆無所有 唯依自心 菩薩 若能了知諸佛及一切法皆唯心量 得隨順忍 或入初地 捨身速生妙喜世界 或生極樂淨佛土中.".

않겠는가.

孤山智圓法師阿彌陁經疏序云 夫心性之爲體也 明乎靜乎一而已矣
無凡聖焉 無依正焉 無延促焉 無淨穢焉 及其感物而動 隨緣而變 則爲
六凡焉 爲四聖焉 有依焉 有正焉 依正旣作則身壽 有延促矣 國土有
淨穢矣 吾佛大聖人 得明靜之一者也 假道於慈 託宿於悲 將欲驅群迷
使復其本 於是乎無身而示身 無土而示土 延其壽淨其土 俾其欣 促其
壽穢其土 俾其厭 旣欣且厭則漸諭之策行矣 雖寶樓金池 爲悅目之翫
而非惑蕩之色 而能達唯心無境矣 雖風樹鳥聲 有入耳之娛 而非滛㳫
之音 而能念三寶有歸矣 夫如是則復乎明靜之體者如轉掌耳 予謂圓
師 深知吾佛善權本末者也 今引繁文 庶使今時求淨土者 知佛意而修
之 不枉用功耳 知佛意者 雖念佛名 懃求往生 知彼佛境 莊嚴等事無來
無去 唯依心現 不離眞如 念念之中 離於昏散 等於定慧 不違明靜之性
則分毫不隔 感應道交 如水澄月現 鏡淨影分 故萬善同歸集云 佛實不
來 心亦不去 感應道交 唯心自現 又偈云 能禮所禮性空寂 感應道交難
思議 此人必不取心外境界 而興徧計倒執 招諸魔事 違背佛意也 諸修
道者 切須在意 切須在[148]意

고산지원법사(孤山智圓法師)의[149] 『아미타경소(阿彌陀經疎)』서문

----

148 「在」上有「切須」(普).

149 孤山智圓法師: 중국 송나라 승려. 이름은 無外. 天台三觀의 심오한 뜻을 깨우치고
　　孤山에 住하면서 많은 후학을 가르치다.

에 이르기를, '저 심성(心性)의 본체는 밝고 고요한 하나일 뿐이다. 범부와 성인도 없으며 의보(依報)와 정보(正報)도[150] 없으며 목숨을 늘림과 재촉함도 없으며 청정함과 더러움도 없다. 그러나 그 심성이 사물에 감응하여 움직임에 있어서는 인연을 따라 변하여 곧 육범(六凡)[151]이 되며 사성(四聖)[152]이 되며 의보도 있고 정보도 있다. 의보와 정보가 이미 만들어지면 몸의 수명은 늘림과 재촉함이 있으며 국토는는 청정함과 더러움이 있게 된다.

우리 부처님, 큰 성인께서는 밝고 고요한 그 하나를 얻은 분이다. 자(慈)라는 길을 빌리고 비(悲)라는 숙소에 몸을 의탁하여 장차 미혹된 뭇 중생들을 몰아서 그 근본을 회복하게 하고자 하신다. 이에 몸이 없지만 몸을 나투시며 국토가 없지만 국토를 나타내어 그 수명을 늘리고 그 국토를 청정하게 하여 그들을 기쁘게 한다. 그 수명을 재촉하고 그 국토를 더럽게 하며 그들이 싫어하게 한다. 이미 기뻐하기도 하고 싫어하기도 했다면 그것은 점차적으로 깨우쳐주는 계획이 시행된 것이다. 비록 보배로 된 누각과 금으로 된 못이 눈을 즐겁게 하는 감상꺼리는 되지만 더 이상 그것이 마음을 혹하고 어지럽히는 색이 될 수 없기에 능히 오직 마음뿐이요 경계가 없음[唯心無境]을 통달한다. 비록 바람, 나무, 새소리가 귀에 들어오는 즐거움이 있더라도 그것이 시끄러운 소리[悲惒][153]가 아니므로 능히 삼보를 염하여 귀의하게 된다. 대저 이와 같다면 밝고 고요한 본체를 회복하기는 손바닥을 뒤집는

---

150 依報 · 正報: 과거의 業의 갚음으로 얻은 有情의 몸을 正報라 하고, 그 몸이 의지하고 있는 환경 곧 國土를 依報라고 한다.

151 六凡: 十界중에 天上 · 人間 · 餓鬼 · 畜生 · 地獄 · 修羅를 말함.

152 四聖: 佛 · 菩薩 · 聲聞 · 緣覺을 말한다. 6凡을 합하여 十界라고 한다.

153 悲惒: 음조가 고르지 못하여 시끄러운 것을 가리킨다.

것과 같다'[154]라고 하였다 나는 지원법사(智圓法師)가 우리 부처가 베푸신 선한 방편의 본말을 깊이 아는 분이라고 생각한다.

이제껏 번거로운 글을 인용한 이유는 요즘 정토를 구하는 자로 하여금 부처의 뜻을 알고 수행하여, 공을 그르치지 않게 하려는 바램에서이다. 부처의 뜻을 아는 자는 비록 부처의 명호를 염하여 왕생하기를 부지런히 구하더라도, 저 부처의 경계를 장엄한 일들이 오지도 않고 가지도 않으며 오직 마음에 의지하여 나타나 진여를 여의지 않았다는 사실을 안다. 생각 생각마다 혼침과 산란을 여의고 선정과 지혜를 고르게 하여 밝고 고요한 성품에 어긋나지 않으면 나누어도 한 올 터럭만큼도 떨어지지 않는다. 감응하고 교통하는 것이 마치 물이 맑아 달이 나타나며 거울이 맑아 그림자가 분명한 것과 같다.

그러므로 『만선동귀집(萬善同歸集)』[155]에 이르기를, '부처가 실제로는 오신 것도 아니며 마음이 또한 간 것이 아니지만 감응하고 교통함은 오직 마음이 스스로 나타난 것이다.'[156]라 하며 그 게송에 이르기를, '예배하는 이나 예배 받는 이나 성품이 비고 고요하니 감응하고 교통

---

154 『佛說阿彌陀經疏』(大正藏, 37, 350, c.-351, a.) "夫心性之爲體也明乎靜乎一而已矣 無凡聖焉 無依正焉 無延促焉 無淨穢焉 及其感物而動遂緣而變則爲六凡焉 爲三聖焉 有依焉 有正焉 依正旣作則身壽有延促矣 國土有淨穢矣 吾佛大聖人得明靜之一者也 乃假道於慈託宿於悲 將欲驅群迷使復其本 於是乎無身而示身無土而示土 延其壽淨其土 俾其欣促其壽穢其土俾其厭 旣欣且厭則漸誘之策行矣 是故釋迦現有量而取穢土 非欲其厭耶 彌陀現無量而取淨土 非欲其欣乎 此則折之 彼則攝之 使其復本而達性耳 故淨名曰 隨所調伏衆生而取佛土者 其是謂乎 雖寶樓金地無悅目之翫 而非惑蕩之色而能達唯心無境矣 雖風樹鳥聲有入耳之娛 而非惉懘之音而能念三寶有歸矣 夫如是則復乎明靜之體者如轉掌耳.".

155 萬善同歸集: 6권. 송나라 永明延壽禪師의 저서. 모든 善이 다 實相으로 돌아감을 밝혀 놓은 것.

156 『萬善同歸集』(大正藏, 48, 967, b) "是以佛實不來 心亦不去 感應道交 唯心自見.".

하는 것은 헤아리기 어렵다'[157]라고 하였다.

　이 사람은 반드시 마음 바깥의 경계를 취하여 모든 계교나 전도된 집착을 일으켜 온갖 마구니의 일을 초래하여 부처의 뜻을 어기지는 않을 것이다. 모든 수도자들은 부디 이 점을 유의해야 한다.

　或有行者 堅執名相 不聞大乘唯心法門 又 不識吾佛 於明靜[158]性中 以本願力 權現身土 幻住莊嚴 攝引衆生 令其耳目所翫 達唯心無境 復其本之善權 却謂念佛往生 將五蘊身 受無量樂 以是情執未忘故 或見修禪者 以爲是人 不念佛求生 何時出離三界哉 不知聖教所明心淨故 卽佛土淨之旨 又聞說所修心地空明無物 以謂無身受樂之處 恐落空去 不知空本無空 唯是如來圓覺明淨之心 同虛空遍法界 該衆生心 無間斷處 一切衆生無明分別之心 當處虛明 與十方諸佛 同一智海 同一法性 爲衆生 終日其中行履 而自背負恩德耳 不知斯旨者 以執吝貪着之心 求佛境界 如將方木 逗圓孔也 或有行者 稟性浮僞 聞此心法 信樂修習 然得少爲足 不加決擇 知見未圓 全恃本性 不修萬行 亦不求淨土 見求生者 而生輕慢 此上二人 於佛法中 不善用心 多有滯障 可悲可痛也 若是最下根人 盲無慧目 而知稱佛號 則歎其希有 豈以不知佛意修行 爲過哉

　혹 어떤 수행자는 이름과 모양에 굳게 집착하여 대승(大乘)의 오직

---

157 『千手千眼大慈心呪行法』(大正藏,46,974,b) "禮佛想云 能禮所禮性空寂 感應道交難思議.".

158 「靜」作「淨」(普).

마음이라는 법문을 듣지 않을 뿐 아니라 우리 부처가 밝고 청정한 성품 가운데 본원력(本願力)[159]으로 몸과 국토를 방편으로 나타내어 환주장엄(幻住莊嚴)으로 중생들을 거두고 이끄시며 중생의 눈과 귀가 기뻐할만한 것을 보고 듣게 해줌으로써 유심무경의 이치를 통달하여 그 근본을 회복하게 하는 선한 방편을 쓰신다는 것을 알지 못한다. 그리고는 도리어, '염불하여 왕생함에 오온으로 된 몸을 가지고 한량없는 즐거움을 받는다'라고 말한다.

이렇듯 망정과 집착을 버리지 못하는 까닭에 혹 선정 닦는 이를 보면, '이 사람은 염불하여 왕생하기를 구하지 않으니, 언제 삼계를 여의겠는가.'라고 말한다. 이들은 성인의 가르침에서 밝힌 바, '마음이 청정한 까닭에 곧 부처의 국토가 청정하다'라는 뜻을 알지 못한다.

또 '닦은 바 마음의 바탕은 비고 밝아 아무것도 없다[160]'라는 말을 들으면 '몸에는 즐거움을 받을 곳이 없다'라고 하여 공에 떨어져버릴까 두려워하니[落空去][161] 공(空)에는 본래 공(空)도 없음을 알지 못한 것이다.

원만하게 깨달은 여래의 밝고 청정한 마음만이 허공과 같이 법계에 두루하여 빈틈없이 중생의 마음을 싸안는다. 무명(無明)에 의해 분별하는 모든 중생의 마음은, 그 본바탕[當處]이 비고 맑아서, 시방 세계의 모든 부처와 동일한 지혜의 바다이며, 동일한 법성이다. 다만 중생

---

159 本願力: 菩薩 因行 때에 세운 願力.

160 物: 일반적으로 의식의 대상이 될 수 있는 모든 것을 가리키는 것으로 이런 의미에서는 事物·사실 또는 대상과 거의 같은 뜻이다. 좁은 뜻으로는 實在的 事物 즉 外界에 존재하는 個物을 의미한다. 개물은 온갖 속성의 종합이기 때문에 시간·공간적인 속성의 통일 전체라고 규정된다.

161 落空去: 본체계는 물질도 정신도 없어서 허공처럼 아무것도 없다는 그릇된 생각에 떨어짐을 말한다.

들이 종일토록 그 가운데 밟고 다니면서도 스스로 그 은덕을 등질 뿐이다. 이러한 뜻을 알지 못하는 자는 집착하고 인색하고 탐욕스러운 마음으로 부처의 경계를 구하니, 그것은 모난 나무를 가지고서 둥근 구멍에 넣으려는 것과 같다.

어떤 수행자는 품성이 붕뜨고 거짓되어, 이러한 마음 법문을 듣고는 믿고 즐겁게 닦아 익힌다. 그러나 조금 얻고는 만족하여 더이상 결택(決擇)하지 않는다. 그리하여 지견(知見)이 원만하지 못하여 전적으로 본성만을 믿고 만행(萬行)162을 닦지 않는다. 그렇다고 정토를 구하는 것도 아니어서 왕생하기를 구하는 자를 보면 가볍게 여기는 교만을 낸다.

이상 두 부류는 불법 가운데 마음을 선하게 쓰지 않아 막히는 일이 많으니, 정말 슬프고 애통하다. 최하의 근기를 가진 사람도 지혜의 눈은 멀었으나 부처의 명호를 부르면 드물게 있는 일이라고 칭찬할 줄 아는데 어찌 부처가 뜻한 바의 수행을 모른다해서 허물을 삼겠는가.

或有行者 受氣剛大 情緣最深 聞此心法 不知措意之處 然 能觀彼佛 白毫光明 或觀梵字 或誦經念佛 如是行門 專精不亂 能調妄想 不被惑障 梵行成建 此人初從事行 感應道交 終入唯心三昧故 亦是善知佛意者也 飛錫和尙 高聲念佛三昧寶王論云 浴大海者 已用於百川 念佛名者 必成於三昧 亦猶淸珠下於濁水 濁水不得不淸 念佛投於亂心 亂心不得不佛 旣契之後 心佛雙亡 雙亡定也 雙照慧也 定慧旣均 亦何心而不佛 何佛而不心 心佛旣然則萬境萬緣 無非三昧 誰復患之於起心動

---

162 萬行: 불교도나 수행자 등이 修業 할 일체의 行法.

念 高聲稱佛哉 文殊所說般若經中 明念佛 得一行三昧者 亦同此意也
不了此意者 却將見愛之情 觀彼佛相 念彼佛名 日久歲深 多爲魔魅所
攝 顚狂浪走 虛勞功夫 傾覆一生 近世頻頻見聞如此之人 皆由不知十
界依正 善惡因果唯心所作 無體可得故也

　　어떤 수행자는 타고난 기운이 강대하고 정연(情緣)이 매우 깊어 이
러한 마음 법을 들으면 어디에 뜻을 두어야 할 지 모른다. 그러나 이
들도 저 부처의 백호광명(白毫光明)¹⁶³을 관하며 혹은 범자(梵字)¹⁶⁴를
관하며 혹은 경전을 외거나 염불을 한다. 이와 같은 수행문에 마음을
오로지 하여 어지럽혀지지 않아 능히 망상을 조정하여 미혹되거나 막
히지 않고 범행(梵行)¹⁶⁵을 성취한다. 이 사람은 처음에는 사행(事行)
으로 출발하여 감응하고 교통하여 마침내 유심삼매(唯心三昧)에 들어
가는 까닭에, 역시 부처의 뜻을 잘 아는 자라고 할 수 있다.
　　비석화상(飛錫和尙)의『고성염불삼매보왕론(高聲念佛三昧寶王論)』
에 이르기를, '큰 바다에서 목욕하는 자는 이미 수많은 냇물을 다 써
본 자이듯 부처의 명호를 염(念)한 자는 반드시 삼매를 이룬다. 또한
마치 맑은 구슬을¹⁶⁶ 흐린 물에 넣으면 흐린 물이 맑아지지 않을 수 없
는 듯, 염불을 혼란한 마음속에 던지면 혼란한 마음이 부처가 되지 않
을 수 없다. 이미 계합한 뒤에는 마음과 부처가 모두 없어진다. 모두

163　白毫光明: 32상의 하나. 부처님의 두 눈썹 사이에 있는 희고 빛나는 가는 터럭에서
　　끊임없이 광명을 놓음.

164　梵字: 梵天에서 만든 文字의 뜻으로 고대 인도에서 사용된 字母를 말한다.

165　梵行: 淸淨한 행위. 梵天은 음욕을 떠났으므로 음욕을 여의는 것을 범행이라 한다.

166　淸珠: 물을 맑게 해 주는 특별한 구슬인 듯하다.

없어지는 것은 선정이요, 모두 비추는 것은 지혜이다. 선정과 지혜가 이미 고르게 되면 어느 마음인들 부처가 아니며 어느 부처인들 마음이 아니겠는가! 마음과 부처가 이미 그러하면 온갖 경계와 온갖 인연이 삼매 아닌 것이 없으니, 누가 다시 마음을 일으키고 생각을 움직여 높은 소리로 부처를 부르는 것을 걱정하겠는가.'[167]라고 하였다.

『문수소설반야경(文殊所說般若經)』 가운데, '염불하여 일행삼매(一行三昧)[168]를 얻는다'[169]라고 밝힌 것도 바로 이와 같은 뜻이다. 이 뜻을 요달(了達)하지 못하면 도리어 견애(見愛)의 정을 가지고 저 부처의 모습을 관하거나 저 부처의 이름을 염(念)한다. 그리하여 세월이 오래되면 대개 마구니나 도깨비에 포섭되어 넘어지고 미쳐 날뛰면서 수고롭게 헛 공부로 일생을 뒤집는다. 근래 이와 같은 사람들을 빈번이 보고 듣는다. 모두 시방세계(十方世界)의 의보(依報)·정보(正報)와 선악의 인과는 오직 마음이 지은 바여서 가히 얻을만한 본체가 없음을 알지 못하기 때문이다.

或於坐中 見天人菩薩像 或如來像相好具足 或端正男女 及諸恐怖之相 說諸種種幻惑之事 或雖非外現之相 於自心中 隨順魔事 惡覺情見 不可具陳 當此之時 昏迷不省 無慧自救 橫罹魔網 良可傷哉 起信

---

167 『高聲念佛三昧寶王論』(大正藏,47,134,a-b)"浴大海者 已用於百川 念佛名者 必成於三昧 一言以蔽其在玆焉 亦猶清珠下於濁水 濁水不得不清 佛想投於亂心 亂心不得不佛 旣契之後 心佛雙亡 雙亡定也 雙照慧也 卽定慧齊均 亦何心而不佛 何佛而不心 心佛旣然 則萬境萬緣 無非三昧者也.".

168 一行三昧: 一相三昧·眞如三昧라고도 한다. 마음을 하나의 行에 定하고 닦는 三昧.

169 『文殊舍利所說摩訶般若波羅蜜經』(高麗藏,5,950,a) (大正藏,8,731,b)"文殊師利 若菩薩摩訶薩得是一行三昧.".

論 不云乎 當念唯心 境界卽滅 終不爲惱 又云行者 常以智慧觀察 勿
令此心 墮於邪網 當勤正念 不取不着 敎旨如斯 何得逐境背心 而求佛
菩提哉 今時行者 多云但得念佛 往生然後 何有哉 不知九品昇降 皆由
自心信解 大小明昧而發現也

혹 앉은 가운데 천인상(天人像), 보살상(菩薩像), 혹은 상호(相好)[170]
를 구족(具足)한 여래상(如來像)이나 단정한 남녀와 온갖 공포스러운
모습들이 모든 갖가지 허깨비와 혹할만한 일에 대해 말하는 것을 보
기도 한다. 혹은 비록 밖으로 드러난 모습은 아니더라도 스스로의 마
음 가운데 마구니 일을 따라서 나쁜 깨달음과 그릇된 소견을 내니, 모
두 나열할 수 없다. 이때에 혼미하여 살피지 못하고 스스로를 구제할
지혜가 없어 마구니의 그물에 마구 걸리니 참으로 슬프다.
  『기신론(起信論)』에, '바로 한 생각이 유심이 되면[當念唯心] 경계
가 그자리에서 소멸하여 마침내 번뇌꺼리가 되지 않는다.'[171]라고 말
하지 않았는가. 또, 이르기를, '수행자는 항상 지혜로 관찰하여 이 마
음이 삿된 그물에 떨어지지 않게 하고 마땅히 바른 생각을 부지런히
하여 취하지 말고 집착하지도 말라.'[172]라고 하였다. 가르친 뜻이 이와
같거늘 어찌 경계를 따르고 마음을 등지고서 부처의 보리를 구할 수
있겠는가.

---

170 相好: 불타의 육신에 갖추어진 훌륭한 용모, 形相. 그 중에서 현저하게 보기 쉬운 것
    을 三十二相으로 나누고, 미세하여 보기 어려운 것은 八十種好로 나누어 양자를 합
    하여 相好라 한다.
171 『起信論』(高麗藏,17,630,c) (大正藏,32,582,b) "當念唯心 境界則滅 終不爲惱."
172 『起信論』(高麗藏,17,630,c) (大正藏,32,582,b) "行者常應智慧觀察 勿令此心墮於邪網
    當勤正念不取不著.".

요즘 수행자들은 대부분, '염불하여 왕생만 하면 그 다음엔 무엇이 있는가.'라고 한다. 이는 구품(九品)의[173] 계급이 모두 자기 마음의 신해(信解)에 따라 크고 작고 밝고 어두움으로 발현되는 것임을 알지 못한 것이다.

經中 以解第一義諦 勸進行者 爲上品 豈以聰明靈利之心 甘爲鈍根 不解第一義 但稱名號哉 萬善同歸集云 九品往生 上下俱達 或遊化國 見佛應身 或生報土 覩佛眞體 或一夕而便登上地 或經劫而方證小乘 或利根鈍根 或定意散意 是知古今達者 雖求淨土 以深信眞如 專於定 慧故 知彼色相莊嚴等事 無來無去離於分齊 唯依心現 不離眞如 不同 凡夫二乘 不知轉識 現故見從外來 取色分齊故也 如是則雖曰同生淨 土 愚智行相 天地懸隔 何如現今學大乘唯心法門 專於定慧 免墮凡小 心外取色分齊之見也

경전 가운데, '제일의 진리[第一義諦][174]를 알아 부지런히 수행해 나아가는 자를 상품으로 삼는다. 어찌 총명하고 영리한 마음으로 기꺼이 우둔한 근기가 되어 제일의 진리를 알지 못하고 다만 명호만 부르는가.'라고 하였다.

---

173 九品: 九種의 등급. 三三之品이라고도 한다. 上中下로 분류하고 그것을 다시 각각 상중하로 나누어, 上上品·上中品·上下品으로 하며 中品·下品도 각각 이렇게 上中下로 나눈 것을 말한다.

174 第一義諦: 二諦의 하나. 곧 世俗諦에 대한 勝義諦를 가리킴. 涅槃·眞如·實相·中道 등의 불교 구경의 진리는 그 뜻이 深奧廣大하여 모든 것 가운데 第一이라고 한다.

『만선동귀집(萬善同歸集)』에 이르기를, '구품(九品) 왕생(往生)이 위·아래로 모두 통하니, 화국(化國)에 놀면서 부처의 응신(應身)을 보기도 하고 보토(報土)[175]에 나서 부처의 진신(眞身)을 보기도 한다. 혹은 하루 저녁에 상지(上地)에 오르기도 하고 혹은 겁이 지나도 겨우 소승(小乘)을 증득하기도 한다. 예리한 근기도 있고 둔한 근기도 있으며 정(定記)에 든 자도 있고 산란한 의식을 가진 자도 있다.'[176]라고 하였다.

이로써 예나 지금이나 통달한 자는 비록 정토(淨土)를 구하더라도 진여(眞如)를 깊이 믿어 선정과 지혜에 전념하는 까닭에 저 빛깔·모양으로 장엄한 등등의 일이 오고 감이 없고, 구분과 한계[分齊][177]를 떠나 오직 마음에 의지하여 나타나며 진여를 여의지 않음을 안다. 이들은 전식(轉識)[178]이 나타나는 것을 알지 못하는 까닭에 밖으로부터 오는 것으로 보고 색의 구분과 한계[分齊]를 취하는 범부나 소승과는 다르기 때문이다. 이와 같다면 비록 함께 정토에 난다고 하더라도, 어리석은 자와 지혜로운 자가 수행하는 모습은 하늘과 땅처럼 현격하다. 어떻게 하면 요즘 대승의 유심법문을 배우는 자와 같이 선정과 지혜를 오로지 하여, 마음 밖에서 색의 분제를 취하는 범부나 소승의 소

---

175 報土: 애써서 修行한 결과로 얻은 불토. 報身이 있는 國土. 阿彌陀佛의 정토는 법장비구때 세운 원력과 그 소원을 실천 수행하여 얻은 국토이므로 報土라 한다.

176 『萬善同歸集』(大正藏,48,968,b) "九品往生上下具達 或遊化國見不應身 或生報土觀佛眞體 或一夕而便登上地 或經劫而方證小乘 或利根鈍根 或定意散意.".

177 分齊: 한계·차별, 차별된 내용·범위·정도·分位·계급·신분. 후세에는 分際라고도 한다.

178 轉識: 唯識論에서 말한 8識의 하나. 제8아뢰야식을 本識이라 하는데 대해 제8아뢰야식을 제외한 眼·耳·鼻·舌·身·意의 6식과 제7末那識이다. 제 8으로부터 轉生變現하는 識이므로 이렇게 말한 것. 곧 7轉識이 그것.

견에 떨어짐을 면하겠는가.

若是祖宗門下 以心傳心 密意指授之處 不在此限 琪和尙云 能悟祖
道 發揮般若者 末季未之有也 故此勸修文中 皆依大乘經論之義 爲明
證略辯現傳門信解發明之由致 幷出生入死淨穢往來之得失 欲令入社
修心之人 知其本末 息諸口諍 辨其權實 不枉用功於大乘法門正修行
路 同結正因 同修定慧 同修行願 同生佛地 同證菩提 如是一切 悉皆
同學 窮未來際 自在遊戲十方世界 互爲主伴 共相助成 轉正法輪 廣度
群品 以報諸佛莫大之恩 仰惟佛眼 證此微誠 普爲法界群迷 發此同修
定慧之願 嗚呼 衆生之所以往來者 六道也 鬼神沈幽愁之苦 鳥獸懷猜
狋之悲 修羅方嗔 諸天正樂 可以整心[179]慮趣菩提者 唯人道能爲耳 人
而不爲 吾末如之何也已矣

만약 조종(祖宗)의 문하에서 이심전심(以心傳心)하여 비밀한 뜻을
[密意][180] 가르쳐 주는 곳으로 말하자면 이러한 경계에 있지 않다. 기
화상(琪和尙)이 이르기를, '능히 조사의 도를 깨달아 반야를 발휘할
자는 말세에 없다.'라고 하였다.

그러므로 이『권수문(勸修文)』에서는 모두 대승경론(大乘經論)의 뜻
에 의지하여 명확한 논거를 삼았다. 뿐만아니라 현재 전해지는 법문

---

179 「心」作「正」(松).

180 密意: 숨겨진 의도를 말한다. 부처님의 眞意는 중생의 표면적인 이해로부터 숨겨
졌기 때문에 密이라 한다. 있는 그대로 진실을 설하더라도 이해하지 못하기 때문에
부처님의 진실을 깊숙이 감추고 겉으로 方便의 敎를 거짓으로 설하신 가르침이 있
는데 이것을 密意方便敎라 한다.

을 믿고 알아 발명(發明)한 이유와 함께 태어나고 죽으며, 정토와 예토로 왕래하는 득실(得失)을 간략하게 분별하였다. 그리하여 결사(結社)에 들어와 마음을 닦는 사람들로 하여금 그 본말을 알게 하여 입으로 하는 모든 논쟁을 쉬고 그 권(權)과 실(實)을 분별하여 대승법문(大乘法門)을 바로 수행하는 길에서 노력을 허비하지 않게 하였다. 바른 인을 함께 맺고 선정과 지혜를 함께 닦으며, 행원(行願)을 함께 닦고 부처의 경지에 함께 나며 함께 보리를 증득케 하였다.

이와 같은 일체를 모두 다같이 배워, 미래가 다하도록 시방세계(十方世界)에 자재(自在)하게 유희(遊戱)하면서 서로 주인과 짝이 되어 함께 도와 이룬다. 바른 법의 수레를 굴려[轉正法輪] 널리 중생들을 구제하여 모든 부처의 막대한 은혜를 갚으려 한다. 우러러 생각하건대 부처의 눈으로 이 보잘것없는 정성을 증명해 주시어 널리 이 법계의 미혹된 중생들을 위하여 이 선정과 지혜를 함께 닦고자하는 원을 내게 하소서.

아아, 중생들이 왕래하는 바는 육도(六道)이다. 그 중에 귀신은 유수(幽愁)의 고통에 잠겼으며, 새와 짐승은 놀라 달아나야 하는[獝狨] 슬픔을 품으며, 아수라(阿修羅)는 성만 내고 모든 하늘은 즐겁기만 하다. 생각과 마음을 가다듬고 보리로 나아가는 능력은 오직 사람에게만 있을 뿐이다. 사람이면서 하지 않으면 나도 어찌하지 못한다.

知訥曩閱大乘 歷觀了義乘經論所說 無有一法 不歸三學之門 無有
一佛 不藉三學而成道也 楞嚴經云 過去諸如來 斯門已成就 現在諸菩
薩 今各入圓明 未來修學人 當依如是法 是故我輩令結佳期 預伸密誓
當修梵行則仰慕眞風 不生自屈 以戒定慧 資薰身心 損之又損 水邊林

下 長養聖胎 看月色而逍遙 聰川溪而自在 縱橫放曠 逐處消時 猶縱浪
之虛舟 若凌空之逸翮 現形容於寰宇 潛幽靈於法界 應機有感 適然無
準矣 子之所慕意在斯焉

　　내가 저번에 대승경전을 열람하여 요의승(了義乘)의 경론에서 말한
내용을 두루 살펴보니 삼학(三學)의 문에 귀결되지 않는 법은 하나도
없었으며, 삼학에 의지하지 않고서 성도(成道)한 부처는 하나도 없었다.
『능엄경(楞嚴經)』에 이르기를, '과거의 모든 여래도 이 문에서 이
미 성취하셨으며, 현재의 모든 보살도 지금 각각 원만하고 밝은 데 들
어가며, 미래 수학하는 사람들도 마땅히 이와 같은 법에 의지할 것이
다'[181]라고 하였다.
　　이러한 까닭에 우리는 지금 아름다운 기약을 맺어 미리 비밀한 서
약을 펴서 마땅히 범행(梵行)을 닦게 해야 한다. 그러면 참된 종풍(眞
風)을 우러르고 사모하여 스스로 굽히는 생각을 내지 않고, 계율과 선
정과 지혜의 삼학을 바탕으로 몸과 마음을 훈습하여 덜고 또 덜어서
물가와 숲속에서 성인될 태(胎)를 오래 기른다. 달빛을 보며 소요하
고, 시냇물 소리를 들으며 자재하여 제멋대로 두어도 남의 구속을 받
지 않는다. 어떤 장소나 시간에 처해서도 마치 물결따라 가는 빈 배와
같으며 마치 허공을 능멸하는 떨어진 새의 깃털과 같다. 형용(形容)은
천하에 나타났으나 그윽한 신령은 법계에 잠겨서 근기에 따라 감응함
에 항상 일정한 기준이 없으니, 내가 사모하는 바의 뜻이 여기에 있다.

----

181 『楞嚴經』(高麗藏,13,830,b) (大正藏,19,131,b) "過去諸如來 斯門已成就 現在諸菩薩
　　今各入圓明 未來修學人 當依如是法.".

若修道人 捨名入山 不修此行 詐現威儀 誑惑信心檀越則不如求名
利富貴 貪着酒色 身心荒迷 虛過一生也 諸公聞語 咸以爲然曰 他日能
成此約 隱居林下 結爲同社則宜以定慧名之 因成盟文而結意焉 其後
偶因選佛場得失之事 流離四方 未遂佳期者至今幾盈十載矣 去戊申
年早春 契內材公禪伯 得住公山居祖寺 不忘前願 將結定慧社 馳書請
子於下柯山普門蘭若 再三懇至 子雖久居林壑 自守愚魯 而無所用心
也 然追憶前約 亦感其懇誠 取是年春陽之節 與同行舡禪者 移棲是寺
招集昔時同願者 或亡或病 或求名利而未會 且與殘僧三四輩 始啓法
席 用酬曩願耳

만약 수도하는 사람이 명리(名利)를 버리고 입산하여 이러한 수행은
닦지 않고 거짓되이 위의(威儀)를 나타내어 신심(信心)이 있는 시주
(施主)[182]들을 현혹시키면, 차라리 명예와 부귀를 구하며 주색에 탐착하
여 몸과 마음이 거칠어지고 미혹한 채로 일생을 허비하느니만 못하다.

여러 사람이 내 말을 듣고 모두 그렇다고 여기며 말하기를, '뒷날에
능히 이 언약을 지켜 숲속에 은거하여 함께 결사(結社)를 하면, 마땅
히 정혜(定慧)로 이름합시다.'라고 하였다. 이일로 해서 맹세하는 글
을 지어 그 뜻을 맺었다. 그후에 우연히 선불장(選佛場)[183]의 이해관계
로 인하여 사방으로 뿔뿔이 흩어져 미처 가약을 맺은 기일을 성취하
지 못한 지 지금에 이르러 거의 10년이 채워진다.

----

182 檀越: 施主라 번역하며, 보시를 행하는 사람을 뜻한다.

183 選佛場: 부처를 선발하는 도량이란 뜻이니, 참선을 통해 直指人心 見性成佛하는 禪
寺를 의미하고 戒律을 授戒하는 道場을 또한 일컬으며, 敎法을 修學하는 도량을
높이어 이렇게 부른다.

지난 무신년 이른 봄에 결사(結社)를 맺었던 재공선백(材公禪伯)[184]이 공산(公山)의 거조사(居祖寺)에[185] 주석(住錫)하게 되었다. 전날의 서원을 잊지 않고 정혜사를 결사하려 하여 급히 글을 보내 나를 하가산(下柯山)의 보문난야(普門蘭若)[186]로 청하되 재삼 간절히 이르렀다. 내가 비록 오랫동안 산골짜기에 살아 스스로 어리석고 둔함을 지키면서 마음을 쓴 바가 없었지만 전날의 약속을 추억하며 더욱 그 간절한 정성에 감동하였다. 이 해 봄날을 잡아 동행인 강선사(舡禪師)와 더불어 이 절로 거처를 옮겼다. 옛날에 서원을 같이 한 이들을 불러 모으니 혹은 죽고 혹은 병들었으며, 혹은 명리를 구하여 미처 만나지 못하였다. 겨우 나머지 승려 3, 4명과 함께 비로소 법석(法席)을 열어 옛날의 서원(誓願)을 갚고자 한다.

9. 서원

伏望禪敎儒道 厭世高人 脫略塵寰 高遊物外 而專精內行之道 符於此意則雖無往日結契之因 許題名字於社文之後 雖未一會而蘊習 常以攝念觀照爲務 而同修正因則如經所謂狂心歇處 卽是菩提 性淨妙明 匪從人得 文殊偈云 一念淨心是道場 勝造河沙七寶塔 寶塔畢竟碎

---

184 材公: 談禪法會때 定慧를 같이 結社한 同志로서 得才라고도 한다.

185 居祖寺: 普照國師가 처음 結社한 곳. 경북 영천시 신녕면에 있는 절로 거조암이라 한다.

186 蘭若: 阿蘭若의 준말. 사문이 수행하기에 적당한 空閑處. 여기서의 普門蘭若는 下柯山 즉 慶北醴泉에 있던 普門寺이다.

爲塵 一念淨心成正覺 故知少時攝念 無漏之因 雖三災彌綸而行業 湛
然者也 非特修心之士成其益也

以此功德 上祝聖壽萬歲 令壽千秋 天下泰平 法輪常轉 三世師尊父
母 十方施主 普及法界生亡 同承法雨之所霑 永脫三途之苦惱 超入大
光明藏 遊戲三昧性海 窮未來際 開發蒙昧 燈燈相續 明明不盡則其爲
功德 不亦與法性 相終始乎 庶幾樂善君子 留神思察焉

엎드려 바라건대 선종(禪宗), 교종(敎宗), 유교(儒敎), 도교(道敎) 할
것 없이 세속에 염증을 앓는 고인(高人)이 티끌세상을 훌훌 벗어버리
고 세상밖에서 고아하게 노니면서 안으로 수행하는 도에 전념하여 이
뜻에 부합하면, 비록 지난날 결사를 약속했던 인연은 없더라도 결사
문(結社文) 뒤에 이름을 넣기를 허락하고자 한다. 그들을 미처 한자리
에 모여 수행하지는 못했더라도 항상 망념을 거두어 들여 관조하기를
힘써 바른 인연을 같이 닦고자 한다. 이는 '미친 마음이 쉬는 곳이 바
로 보리다. 청정하고 묘하고 밝은 성품은 남에게서 얻는 것이 아니다.'
라고 하신 경의 말씀과 같은 맥락이다.

『문수게(文殊偈)』에 이르기를, '한 생각의 청정한 마음이 도량(道
場)이다. 항하의 모래처럼 많은 칠보탑(七寶塔)을 만드는 공덕보다 수
승하다. 보배로 된 탑은 결국은 부서져 티끌이 되지만, 한 생각의 청정
한 마음은 정각을 이룬다'[187]라고 하였다. 까닭에 잠깐이라도 생각을

---

187 『宋高僧傳』(大正藏,50,837,a) "翁日 聽吾宣偈 一念正心是菩提 勝造恒沙七寶塔 寶
塔究盡碎爲盡 一念正心成正覺.".

거두어 들인 무루의 인[無漏之因][188]은, 비록 삼재(三災)[189]가 두루 닥치더라도 수행한 업이 담연(湛然)하니 비단 마음을 닦는 사람이 그러한 이익만을 성취할 뿐이 아님을 알아야 한다.

이러한 공덕으로 위로는 성상의 수명은 만세(萬歲)하고 왕실의 수명은 천세(千歲)하시기를 기원합니다. 천하는 태평하고 법의 수레는 항상 굴러 삼세의 스승과 존귀한 부모와 시방세계의 시주와 널리 법계의 살아 있거나 죽은 이들이 함께 법의 비에 젖어 삼도(三途)의 고뇌를 영원히 벗어나고 큰 광명의 곳간에 뛰어 들며, 삼매에 든 성품의 바다에 노닐면서 미래가 다하도록 몽매한 이들을 일깨워, 등불과 등불이 서로 이어져서 광명과 광명이 다하지 않기를 기원합니다. 그렇게 된다면, 그 공덕이 또한 법성(法性)과 시종(始終)을 함께 하지 않겠는가. 바라건대 선(善)에 즐거워하는 군자들은 이에 깊이 유의하고 생각해야 한다.

時明昌元年庚戌季春 公山隱居牧牛子知訥 謹誌 至承安五年庚申 自公山 移社於江南曹溪山 以隣有定慧寺 名稱混同故 受朝旨 改定慧社 爲修禪社 然勸修文 旣流布故 仍其舊名 彫板印施耳 勸修定慧結社文 終

----

188 無漏之因: 無漏淸淨의 戒定慧로서 涅槃果를 證得한 것을 無漏因이라 하며, 四諦 가운데 道諦를 말함.

189 三災: 壞劫의 終末期에는 세계를 破壞하는 3종의 큰 厄이 있다. 小三災는 서로 흉기로 찔러서 죽이는 刀兵災. 나쁜 질병이 유행하는 疾疫災. 가뭄으로 굶주리는 饑饉災의 3종을 말한다. 大三災란, 火災·水災·風災를 가리킨다.

때는 명창(明昌) 원년[190] 경술(庚戌) 늦은 봄에 공산(公山)에 은거하는 목우자(牧牛子) 지눌은 삼가 쓴다. 승안(承安) 5년[191] 경신(庚申)에 이르러, 공산(公山)으로부터 결사(結社)를 강남(江南) 조계산(曹溪山)에 옮겼다. 이웃에 정혜사(定慧寺)가 있어 명칭이 혼동되는 까닭에, 왕의 뜻을 받들어 정혜사(定慧社)를 수선사(修禪社)로 고쳤다. 그러나 권수문(勸修文)이 이미 유포된 까닭에 옛 이름 그대로 조판하고 인쇄하여 유포한다. 권수정혜결사문(勸修定慧結社文) 끝.

---

190 明昌: 중국 金나라 章宗의 年號로 元年은 1190年이다.

191 承安: 중국 金나라 章宗의 年號로 5年은 1200年이다.

초판 1쇄 인쇄 | 2017년 2월 10일
초판 1쇄 발행 | 2017년 2월 20일

지은이 | 인경
펴낸이 | 김형록
펴낸곳 | 명상상담연구원

주소 | 서울시 성북구 보문로 35길 39(삼선동 4가 57)
　　　목우선원 명상상담평생교육원
전화 | (02) 2236-5306
홈페이지 | http: //cafe.daum.net/medicoun
출판등록 | 제 211-90-28934호

가격 15,000원
ISBN 978-89-94906-22-5 94220
　　　978-89-94906-02-7(set)